A PICAS SERIES BOOK

2000

Michel Tremblay

# The Guid Sisters

*A translation of Les Belles-Soeurs into modern Scots*

*translated by*

William Findlay & Martin Bowman

This edition is published by Exile Editions Limited,
20 Dale Avenue, Toronto, Ontario, Canada M4W 1K4

*Sales Distribution:*
McArthur & Company
c/o Harper Collins
1995 Markham Road
Toronto, ON
M1B 5M8
toll free:
1 800 387 0117
1 800 668 5788 (fax)

Composed at *MOONS OF JUPITER* Toronto
Cover Lithograph by *CLAIRE WEISSMAN-WILKS*
Printed and Bound by *AGMV MARQUIS*

The publisher wishes to acknowledge
the assistance toward publication of the Canada Council
and the Ontario Arts Council.

ONTARIO ARTS COUNCIL
CONSEIL DES ARTS DE L'ONTARIO

ISBN 1-55096-516-6

# The Guid-Sisters

Bill Findlay
dedicates this translation tae
Betty, Hannah, Lena and Ina Findlay
guid sisters aw

Martin Bowman
dedicates this translation tae
Jean Scott fae Monikie
and Jack Bowman fae Forfar

## List of Characters

GERMAINE LAUZON

LINDA LAUZON

ROSE OUIMET

GABRIELLE JODOIN

LISETTE DE COURVAL

MARIE-ANGE BROUILLETTE

YVETTE LONGPRE

DES-NEIGES VERRETTE

THERESE DUBUC

OLIVINE DUBUC

ANGELINE SAUVE

RHEAUNA BIBEAU

LISE PAQUETTE

GINETTE MENARD

PIERRETTE GUERIN

The action takes place in 1965 in Montreal.

The play is set in the kitchen of a tenement flat. Four enormous boxes occupy the centre of the room.

*Linda Lauzon enters. She notices the four boxes placed in the middle of the room.*

**LINDA LAUZON**

In the name o Christ! Whit's aw this? Maw!

**GERMAINE LAUZON**

*(In another room)*

Is that you, Linda?

**LINDA LAUZON**

Aye! Whit's gaun oan? The kitchen's stowed wi boaxes.

**GERMAINE LAUZON**

They're ma stamps.

**LINDA LAUZON**

Whit, thuv come awready? Christ, that wis fastwork.

*Germaine Lauzon enters.*

**GERMAINE LAUZON**

Aye, it surprised me tae. Jist eftir ye went oot this moarnin the door-bell went an when ah goes tae answer it here's this big fellie. Aw, you'da liked him, Linda. Jist your type. Aboot 22, 23 mebbe. Daurk curly hair. Braw wee moustache, ken. Really good- lookin. He says tae me, "Are you the lady of the house, Mme. Germaine Lauzon?" Ah says, "Yes, that's myself." And he says, "Splendid, I've brought you your stamps." Ah wis that excited ah didnae ken whit tae say.

Then two fellies startit cairryin in the boaxes intae the hoose an this ither wan's gien me this big fancy speech. Aw, he wis that weel-spoken, an nice wi it tae, ken. You'da liked him awright, Linda.

**LINDA LAUZON**

Aw, git oan wi it. Whit did he say?

**GERMAINE LAUZON**

Ah cannae mind. Ah wis owre excited. Ah think he said somethin aboot the company he works fur and hoo pleased they wur ah'd won a million premium stamps ... an thit ah wis very lucky ... Me, ah couldnae fund ma tongue. Ah wish yur faither'd been here. He'da kent whit tae say til him. Ah'm no shair if ah even thanked him ...

**LINDA LAUZON**

That's gaunnae be a hoor ae a loat ae stamps tae lick. Fower boaxes! A mull-yin stamps! Here, that's serious.

**GERMAINE LAUZON**

Only three ae thum's goat stamps. The ither wan's the books. But, listen, ah hud an idea, Linda. Ye'll no huv tae stick thum aw yirsel. Are ye gaun oot the night?

**LINDA LAUZON**

Aye, Roabert's supposed tae be phonin me.

**GERMAINE LAUZON**

Whey no go oot the moarn's night? See, ah hud an idea. Ah've phoned aw ma sisters, an yir faither's sister, an ah've been tae see the neebors. Ah've invited thum aw tae a stamp-stickin pairty the night. Is that no a good idea? Ah've boat some sweeties an monkey-nuts an ah've sent the bairn tae git some juice ...

**LINDA LAUZON**

Aw, maw! Ye ken fine ah aye go oot oan Thursday night. It's me an Roabert's night oot. Wur gaunnae go tae the pictures.

**GERMAINE LAUZON**

Ye cannae go oot an leave me oan a night like this. Ah've goat aboot fifteen folk comin ...

**LINDA LAUZON**

Are ye aff yir heid? Fifteen folk in this kitchen? An ye ken fine we cannae yaise the rest o the hoose fur the painter's in. Christ, maw! Sometimes ye're really widden.

**GERMAINE LAUZON**

That's right. Pit me doon as usual. Okay-dokay, Linda, jist you cairry oan. Please yirsel. That's aw ye ivir dae onywey. It's nothin new. Whit a bloody life. Ah can nivir hae a bit a bloody pleisure fur masel. Some bugger's aye goat tae spile it fur me. But you go tae the pictures, Linda. Jist you cairry oan. If that's whit ye waant, suit yirsel. Christ-All-Bloody-Mighty!

**LINDA LAUZON**

Aw, come oan, mum, try tae unnerstand.

**GERMAINE LAUZON**

Ah dinnae waant tae understand. Ah dinnae waant tae even hear aboot it. Ye caw yir pan oot bringin thum up an whit dae ye git? Damn all! Jist sweet bugger all! An you cannae even dae me a wee favour. Ah'm warnin you, Linda. Ah've hud it up tae here wi servin you hand an fit. You an the rest o thum. Ah'm no a skivvie, ye ken. Ah've goat a mullyin stamps tae stick an if you think ah'm gaunnae dae it aw masel, you've goat anither thoat comin. An whit's mair, thae stamps are fur the haill faimly, sae yese huv aw goat tae dae yir shares. Yir faither's oan the night-shift but that didnae stoap him fae oafferin tae help the moarn if we dinnae git finished the night. Ah'm no askin fur the moon. Whey d'ye no help me fur wance insteed ae wastin yir time oan that waster.

LINDA LAUZON

Robert's no a waster. Jist gie it a brek.

GERMAINE LAUZON

Noo ah've heard it aw. Christ, ah kent you wur stupit, but no that stupit. When are you gaunnae realise that your nice Robert's jist a lazy gett? He disnae even make 600 bucks a week. The best he can manage is tae take ye tae the pictures wance a week -- an oan a Thursday at that. Ah'm tellin you, Linda. Take yir mither's advice. Keep hangin aroond wi that waster an ye'll end up jist like him. D'ye waant tae mairry a helpless gett an go roond wipin his erse fur him aw yir life?

LINDA LAUZON

Aw, shut yir mooth, mum. Ye dinnae ken whit yir talking aboot. Jist droap it ... Ah'll stey at hame ... Jist stoap yappin oan aboot it, right? And for your information, Robert's due a rise in a wee while an he'll be coinin it in then. He's no as useless as you think. His gaffer tellt me himsel that Roabert'll be in the big money in nae time an they'll be makin him an under-gaffer. You wait, 80 bucks a week is nothing tae sniff at. Anywey ... ah'm gaunnae phone him an tell him ah cannae make it tae the pictures the night ... Hey, whey dae ah no tell him tae come roond an stick stamps wi us?

GERMAINE LAUZON

Fur-cryin-oot-loud, ah've jist stood here an tellt ye ah cannae stomache him an ye ask me if ye can bring him here the night. Huv ye nae heid oan yir shooders, lassie? Whit did ah dae tae the Good Lord in Heiven tae deserve sich eejits? Jist this efternin ah asked yir wee brither tae git me a pund o ingins an he comes hame wi a boattle ae mulk. Ah dinnae understand it! Ah huv tae repeat awthing twenty bloody times! Nae wunner ah loass ma rag. Ah tellt ye, Linda. The pairty's fur females. Jist fee-males. Your Robert's no poofie, is he?

**LINDA LAUZON**

Okay, okay. Dinnae go aff the deep-end. Ah'll tell'm no tae come. Jesus, ye cannae dae a bloody thing right aroond here. D'ye think ah feel like stickin stamps eftir bein at ma work aw day? ... Whey d'ye no go an dae some dustin in the livin-room, eh?

*She dials a telephone number.*

Ye dinnae huv tae listen tae whut ah'm gaunnae say ... Hello, is Robert there? ... When do you expect him in? ... Fine, then. Will you tell him that Linda phoned ... I'm just grand, Mme. Bergeron. And you? ... That's grand ... Right-o, then. Thanks very much. Cheerio.

*She hangs up. The telephone rings immediately.*

Hullo? ... Maw, yir waantit oan the phone.

**GERMAINE LAUZON**

*(Entering)*

Twinty years ae age an ye stull dinnae ken tae say, "Just one moment, please."

**LINDA LAUZON**

It's only Auntie Rose. Ah dinnae see whey ah should be polite tae her.

**GERMAINE LAUZON**

*(Covering the receiver with her hand)*

Wheesht! D'ye waant her tae hear ye?

LINDA LAUZON

Away an shite!

GERMAINE LAUZON

Hello? Oh, it's you, Rose ... Aye, thuv come. Whit dae ye think ae that, eh? A mull-yin stamps! Thur sitting right here in front ae me but ah stull cannae take it in. A mull-yin ae thum. Ah cannae even coont that far but ah ken it's a hoor ae a loat. Aye, they sent a catalogue. Ah already hud last year's, but this wan's fur this year so it's a loat better ... The auld wan wis fawin apairt onyhow ... Wait till ye see the braw stuff thuv goat. Ye'll no credit it. Ah think ah'll can get the haill jingbang an refurnish the hoose fae toap tae boatt'm. Ah'm gaunnae git a new cooker, a new fridge, an new kitchen units. Ah think ah'll git the rid wans wi the gold trim. Ye'll no huv saw thae yins, wull ye? ... Aw, thur that nice. Ah'm gaunnae git new pans, new cutlery, a fu set o dishes, a cruet set. Oh, an ye ken thae cut gless crystal glesses wi the 'caprice' design? Ye ken hoo boanny they are. Mme. de Courval goat a set last year. She bummed that she peyed a fortune fur thum, but ah'm gettin mines fur nothin. She'll no half be fizzin, eh? ... Whit? ... Aye, she'll be here the night, tae. Thuv goat thae shiny chromium canisters fur salt, pepper, tea, coaffee, sugar, the haill loat. Ah'm gettin them aw ... Ah'm gettin a colonial style bedroom suite wi aw the accessories. Thur's curtains, dressin-table covers, wan ae thae rugs ye pit oan the flair aside the bed, new wallpaper ... Naw, no the wan wi the floral pattern. It'd gie Henri a sair heid when he went tae his bed ... Ah'm tellin ye, ma bedroom's gaunnae be really bee-yootiful. An fur the livin-room ah'm gettin a complete stereo unit, a big colour TV, a synthetic nylon carpet, an pictures ... Ye ken thae Chinese wans done in the velvet? ... Aren't they jist? But haud oan till ye hear this ... Ah'm gaunnae git the same set o crystal dishes as yir guid-sister, Aline! Ah widnae like tae say, but ah think mines are even boannier. Ah'm gaunnae be that chuffed! Ah think the livin-room'll be fair smashin eh? ... Thur's an electric razor fur Henri, shower curtains ... So whit? Wull hae wan pit in. It aw comes wi the stamps. Thur's a sunken bath, a new wash-hand basin, swim-suits fur awbody ... Naw, Rose. Ah'm no owre fat. Dinnae act it. Ah'm gaunnae hae the bairn's bedroom redone. Huv ye seen whit thuv goat fur bairn's bedrooms? Rose, it's oot this world! Thuv goat Mickey Mouse rinnin owre awthing. An fur Linda's room ... Awright, ye'll can see it in the catalogue. Come acroass the noo though, fur the ithers'll be here ony minute. Ah tellt thum fur tae come early. It's gaunnae take till doomsday tae stick aw thir stamps.

*Marie-Ange Brouillette enters.*

Awright, ah've goat tae go. Mme. Brouillette's jist come in. Okay-doke, aye ... right. Cheerio!

**MARIE-ANGE BROUILLETTE**

Ah cannae hide it fae ye, Mme. Lauzon. Ah'm awfie jealous.

**GERMAINE LAUZON**

Well, ah ken hoo ye feel. It's a right turn up fur the books, right enough. Wull ye excuse me fur a minute, Mme. Brouillette? Ah'm no jist ready. Ah wis speakin tae ma sister, Rose. Ah wis lookin at her through the windae as we can see wan anither acroass the alley. It's awfie handy.

**MARIE-ANGE BROUILLETTE**

Is she comin tae?

**GERMAINE LAUZON**

Oh aye. She widnae miss this fur love nor money. Here, hae a seat. While yir waitin ye can hae a look at the catalogue. Wait till ye see the braw things thuv goat. Ah'm gaunnae git every-thing. Every-thing. The haill catalogue.

*Germaine Lauzon goes into her bedroom.*

MARIE-ANGE BROUILLETTE

Y'ull no catch me winnin somethin like thon. Nae danger. Ah bide in a shite-hoose an that's whaur ah'll be till the day ah dee. A mull-yin stamps! Thon's a haill hoosefu. If ah dinnae stoap thinkin aboot it ah'm gaunnae gan aff ma skull. It's ayeways the wey. The wans wi aw the luck are the wans at least deserves it. Whit's thon Mme. Lauzon ivir done tae deserve aw this? Nothin! Not a bloody thing! She's nae better-lookin nor me. In fact, she's nae better full-stoap. Thae competitions shouldnae be allowed. The priest wis richt the ither day. They should be abolished. Whey should she win a mul-lyin stamps an no me? Whey? It's no fair. Ah've goat bairns tae keep clean tae, and ah work as hard as she dis, wipin thur erses moarnin, noon an nicht. In fact, ma bairns are a damnsicht cleaner nor hers. Whey d'ye think ah'm aw skin an bone? Acause ah work ma guts oot, that's whey. But look at her. She's as fat as a pig. And noo ah've goat tae live ben the waw fae her an her braw, free hoose. Ah tell ye, it maks me boke. It really maks me boke. No jist that, ah'll huv tae pit up wi her bummin her load. She's jist the type, the big-heidit bitch. It's aw ah'll be hearin fae noo oan. Nae wunner ah'm scunnert. Ah'm no gaunnae spend ma life in this shite-hole while Lady Muck here plays the madam. It's no fair. Ah'm scun-nert sweatin ma guts oot fur nothin. Ma life is nothin. Nothin. Ah huvnae goat twa cents tae rub thegither. Ah'm seek tae daith o this empty, scunnerin life.

*During this monologue, Gabrielle Jodoin, Rose Ouimet, Yvette Longpré and Lisette de Courval have made their entry. They have sat down in the kitchen without paying attention to Marie-Ange. The five women stand up and turn towards the audience. The lighting changes.*

THE FIVE WOMEN

*(Together)*

This empty, scunnerin life! Monday!

**LISETTE DE COURVAL**

When the sun has begun to caress with its rays the wee flowers in the fields and the wee birds have opened wide their wee beaks to offer up to heaven their wee prayers ...

**THE OTHERS**

Ah drag masel up fur tae make the breakfast. Tea, toast, ham an eggs. Ah'm vernear dementit jist gettin the rest ae thum up oot thur stinkers. The bairns leave fur the school. Ma man goes tae his work.

**MARIE-ANGE BROUILLETTE**

No mine. He's oan the dole. He steys in his bed.

**THE FIVE WOMEN**

Then ah works like a daft yin till wan a'cloack. Ah waash shirts, soacks, jerseys, underclaes, breeks, skirts, froacks ... the haill loat. Ah scrub thum. Ah wring thum oot. Ma hands are rid raw. Ma back is stoonin. At wan a'cloack the bairns come hame. They eat like pigs. They turn the hoose upside doon. Then they clear oot. In the efternin ah hing oot the waashin. Hit's the worst. Ah hate it. Eftir that, ah make the tea. They aw come hame. They're crabbit. Thur's aye a rammy. Then at night we watch t[illegible] telly. Tuesday.

**LISETTE DE COURVAL**

When the sun has begun to caress ...

**THE OTHERS**

Ah drag masel up fur tae make the breakfast. Ayeways the same bloody thing. Tea, toast, ham an eggs. Ah pu thum oot thur beds an hunt them oot the door. Then it's the ironin. Ah work, ah work, an ah work. It's wan a'cloack afore ah ken where ah am an the bairns are bawlin fur thur denner isnae ready. Ah open a tin ae luncheon meat an make pieces. Ah work aw efternin. Tea-time comes. Thur's aye a rammy. Then at night we watch the telly. Wednesday ... message day. Ah'm oan ma feet aw day. Ah brek ma bag humphin bags ae messages. Ah gets hame deadbeat but ah've goat tae make the tea. When the rest ae thum gets hame ah'm waashed oot. Ma man starts cursin. The bairns start bawlin. Then at night we watch the telly. Thursday, then Friday ... It's the same thing. Ah slave. Ah skivvy. Ah caw ma guts oot fur a pack o getts. Then Seturday, tae cap it aw, ah've goat the bairns oan ma back aw day. Then at night we watch the telly. Sunday we go oan the bus fur tea at the mither-in-law's. Ah huv tae watch the bairns like a hawk. Ah huv tae kid oan ah'm laughin at the faither-in-law's jokes. Ha-bloody-ha! Ah huv tae no choke oan the auld bitch's cookin. They aye rub in ma face at hers's better nor mines. Then, at night, we watch the telly. Ah'm seek ae this empty, scunnerin life! This empty, scunnerin life! This empty ...

*The lighting returns to normal. They sit down abruptly.*

**LISETTE DE COURVAL**

When I was in Europe ...

**ROSE OUIMET**

There she goes oan aboot her Europe again. Get her gaun oan that an she'll be at it aw night.

*Des-Neiges Verrette comes in. Discreet little greetings.*

**LISETTE DE COURVAL**

I was only waanting to say that they don't have stamps in Europe. Well, they have stamps, but not this kind. Just the kind you put on letters.

**DES-NEIGES VERRETTE**

Ye mean ye cannae win presents like here? That Europe disnae sound like much ae a place.

**LISETTE DE COURVAL**

Oh no, it's a very nice place just the same ...

**MARIE-ANGE BROUILLETTE**

Ah'm no against stamps, mind you. Thur awfie handy. If it wurnae fur the stamps ah'd still be waitin fur ma mincer. Whit ah've nae time fur is thae competitions.

**LISETTE DE COURVAL**

But why? They can bring so much pleasure to the whole family.

**MARIE-ANGE BROUILLETTE**

Aye, mebbe. But they're a pain in the erse fur the folk nixt door.

**LISETTE DE COURVAL**

Really, Mme. Brouillette! There's no need for that foul language. You never hear me stooping to that to say what I waant.

**MARIE-ANGE BROUILLETTE**

Ah'll talk the wey ah waant an ah'll say jist whit ah waant tae say! Right! Ah've nivir been tae your Europe ... Ah widnae waant tae turn pan-loaf an mealy-moothed like you.

**ROSE OUIMET**

Hey, youse two, dinnae start. We didnae come here tae argybargy. If yese keep at it ah'm gaun oot that door, doon thae stairs, and hame.

**GABRIELLE JODOIN**

Whey's Germaine takin sae long? Germaine!

**GERMAIN LAUZON**

*(In her bedroom)*

Ah'll no be long. Ah'm huvin trouble wi ... Oh, bugger it! Linda, are you there?

GABRIELLE JODOIN

Linda! Linda! Naw, she's no here.

MARIE-ANGE BROUILLETTE

Ah think ah seen her gan oot a while back.

GERMAINE LAUZON

Dinnae tell me she's sneaked oot, the wee bitch.

GABRIELLE JODOIN

Can we stert stickin the stamps while wur waitin fur ye?

GERMAINE LAUZON

Naw, haud oan! Ah'll hae tae show yese whit yese've goat tae dae. Dinnae stert athoot me. Wait till ah come. Jist hae a blether fur a minute.

GABRIELLE JODOIN

"Hae a blether fur a minute"? Whit are we gaunnae blether aboot?

*The telephone rings.*

ROSE OUIMET

Jesus Christ, that gien me a fright! Hullo! Naw, she's oot. But if ye waant tae haud oan she'll no be lang. She'll be back in a minute.

*She puts down the receiver, goes out on the balcony and shouts.*

Linda! Linda! Telephone.

LISETTE DE COURVAL

So tell me, Mme. Longpré, how is your daughter Claudette enjoying married life?

**YVETTE LONGPRE**

Oh, she likes it jist fine. She's fair enjoayin hersel. She hud a rare honeymoon, she tellt me.

**GABRIELLE JODOIN**

Where did they go tae?

**YVETTE LONGPRE**

Well, her man won a competition fur a hoaliday in the Canary Islands, so they hud tae bring the weddin forrit a bit ...

**ROSE OUIMET**

*(Laughing)*

The Canary Islands! That'd be jist the place fur a honeymoon. The coacks sit oan the nest aw day thair.

**GABRIELLE JODOIN**

Settle doon, Rose!

**ROSE OUIMET**

Whit's wrang?

**DES-NEIGES VERRETTE**

The Canary Islands, whereaboots are they?

**LISETTE DE COURVAL**

My husband and I stopped off there on our last trip to Europe. It's an awfie ... it's an awfully nice country. Do you know, the women wear nothing but grass skirts.

**ROSE OUIMET**

Ma man wid love that!

**LISETTE DE COURVAL**

Mind you, the people there don't believe in keeping themselves very clean. It's the same in Europe. They don't go in for waashing much either.

**DES-NEIGES VERRETTE**

It shows anaw. Look at thon Italian wummin nixt door tae us. Ye widnae credit the guff comes aff yon wummin.

*The women burst out laughing.*

**LISETTE DE COURVAL**

*(Insinuating)*

Have you ever happened to notice her washing-line on a Monday?

**DES-NEIGES VERRETTE**

No, whey?

**LISETTE DE COURVAL**

Well, I'll say no more than this ... Nobody in that family ever wears underwear.

**MARIE-ANGE BROUILLETTE**

Get awaw! Ah dinnae believe it!

**YVETTE LONGPRE**

Yir kiddin us oan!

**LISETTE DE COURVAL**

It's as true as I'm sitting here! Just you look for yourselves next Monday. Then you'll see.

**YVETTE LONGPRE**

Neither wonder they stink.

**MARIE-ANGE BROUILLETTE**

Mebbe she's sae shy she hings thum inside.

*All the others laugh.*

**LISETTE DE COURVAL**

Shy? A European? They don't know the meaning of the word. You only have to look at their films on the television to see that. They're disgusting. People kissing in broad daylight! It's in their blood, of course. They're born like that. You only have to watch that Italian's daughter when her friends come round ... her boyfriends, that is. It's a downright disgrace what she gets up to, that girl. She has no shame! Oh, that reminds me, Mme. Ouimet, I saw your Michel the other day ...

**ROSE OUIMET**

No wi that wee hoor!

**LISETTE DE COURVAL**

I'm sorry it's me that has to tell you, but yes.

**ROSE OUIMET**

Ye must've made a mistake. It couldnae [illegible] een ma Michel.

**LISETTE DE COURVAL**

Well, the Italians are my neighbours, too, you know. The two of them were out on the front balcony. I suppose they didn't think anyone could see them.

**DES-NEIGES VERRETTE**

It's right enough, Mme. Ouimet. Ah saw thum tae. They wur aw owre each ither, kissin an cuddlin.

**ROSE OUIMET**

The wee bugger! As if wan sex-mad gett in the faimly wisnae enough. His faither cannae even see a bint oan the telly athoot gittin a hard-oan! Bloody Sex! They nivir can get enough, thae Ouimets. They're aw the same in that faimly. They ...

**GABRIELLE JODOIN**

Rose, ye dinnae huv tae broadcast it tae the haill world ...

**LISETTE DE COURVAL**

But we're very interested ...

**DES-NEIGES VERRETTE & MARIE-ANGE BROUILLETTE**

Aye, so we are ...

**YVETTE LONGPRE**

Tae git back tae ma dochter's honeymoon ...

*Germaine Lauzon enters, all dressed up.*

**GERMAINE LAUZON**

Here ah am, girls!

*Greetings, "Hullos," "How are yese," etc.*

Well, whit've yese aw been bletherin aboot?

**ROSE OUIMET**

Mme. Longpré wis tellin us aw aboot her Claudette's honeymoon.

**GERMAINE LAUZON**

Get away! Hullo, Madame. An what wis she sayin?

ROSE OUIMET

They seem tae huv hud a really nice time. They met aw kinna folk. They went tae the Canary Islands, ken, so they went oot in a boat. They went fishin. She says they catched fish this big. They ran intae some ither couples they kent ... some freends ae Claudette's. They aw came hame thegither an stoapped oaff in New York. Mme. Longpré huz just been tellin us aw aboot it ...

YVETTE LONGPRE

Well ...

ROSE OUIMET

Is that no right, Mme. Longpré, eh?

YVETTE LONGPRE

Well, aye, but ...

GERMAINE LAUZON

You mind an tell yir lassie, Mme. Longpré, that ah wish her all future happiness. We wurnae invitit tae the weddin but we wish her aw the best jist the same.

*Embarrassed silence.*

GABRIELLE JODOIN

Hey! It's comin up fur seeven a'cloack! The rosary!

GERMAINE LAUZON

Oh help-ma-Christ, ma novena fur Ste-Thérèse! Ah'll go an get Linda's transistor.

*She goes out.*

ROSE OUIMET

Whit dis she need Ste-Thérèse fur eftir winnin aw thon?

**DES-NEIGES VERRETTE**

Mebbe her kids are gien her a hard time ae it ...

**GABRIELLE JODOIN**

Naw, ah dinnae think sae. She'd ah tellt me ...

**GERMAINE LAUZON**

*(In Linda's bedroom)*

Christ Almighty! Where's she pit the bloody thing?

**ROSE OUIMET**

Ah'm no sae shair, Gaby. Sometimes oor sister's a bit secret-like.

**GABRIELLE JODOIN**

No wi me she isnae. She tells me everythin. You, you're owre much ae a goassip ...

**ROSE OUIMET**

Whit dae ye mean, "goassip"? You can fine talk. Ma mooth's naewhere near as big as yours, Gabrielle Jodoin.

**GABRIELLE JODOIN**

Aw, come aff it. You ken damn fine ye cannae keep anythin tae yirsel.

**ROSE OUIMET**

If you think fur wan minute ...

**LISETTE DE COURVAL**

Now, now, Mme. Ouimet. Weren't you just saying a wee while ago that we didn't come here to argue?

**ROSE OUIMET**

You away an shite in yir ain midden. An fur your information, ah didnae say "argue", ah said "argybargy".

*Germaine Lauzon comes back in with her radio.*

GERMAINE LAUZON

What's gaun oan? Ah can hear yese bawlin fae the ither end ae the hoose!

GABRIELLE JODOIN

Och, it's that sister ae oors at it again ...

GERMAINE LAUZON

Jist settle doon, Rose, eh! Jist don't start ony argybargyin the night.

ROSE OUIMET

Ye see! In oor faimly we say "argybargyin".

*Germaine Lauzon turns on the radio. We hear strains of the rosary being said. All the women kneel. After five or six "Hail Marys" a great commotion is heard outside. All the women scream, get up and rush out.*

GERMAINE LAUZON

Oh ma God! It's ma guid-sister, Thérèse. Her mither-in-law's jist fell doon three sets ae stairs.

ROSE OUIMET

Did ye hurt yirsel, Mme. Dubuc?

GABRIELLE JODOIN

Rose, shut yir mooth! She must be half-deid!

THERESE DUBUC

*(From a distance)*

Are ye awright, Mme. Dubuc? *(We hear an indistinct moan.)* Jist haud oan a minute. Let me get the wheelchair oaff ye. Is that better? Ah'm gaunnae help ye git back intae yir chair noo. Come oan,

Mme. Dubuc, jist make a wee bit ae effort. Dinnae jist lit yirsel hing like that. Come oan, pull yirsel up.

**DES-NEIGES VERRETTE**
Ah'll come doon an gie ye a hand.

**THERESE DUBUC**
Thanks, Mlle. Verrette. It's very good ae ye.

*The other women re-enter the room.*

**ROSE OUIMET**
Germaine, switch aff that wireless. Ah'm a bag ae nerves.

**GERMAINE LAUZON**
Whit aboot ma novena?

**ROSE OUIMET**
Hoo far did ye get?

**GERMAINE LAUZON**
Up tae seevin. But ah'd promised ah'd dae nine.

**ROSE OUIMET**
Seevin days? So whit? Ye can start again the moarn an ye'll be finished yir nine nixt Seturday.

**GERMAINE LAUZON**
Ma novena's no fur nine days. It's fur nine weeks.

*Enter Thérèse Dubuc, Des-Neiges Verrette and Olivine Dubuc in her wheelchair.*

Oh my God, wis she hurt bad?

**THERESE DUBUC**

Naw, naw, she's yaised tae it. She faws oot her chair ten times a day. Whew! Ah've nae braith left. It's nae joke humphin that thing up three flights ae stairs. D'ye think ah could hae a drink, Germaine?

**GERMAINE LAUZON**

Gaby, gie Thérèse a gless ae watter.

*She approaches Olivine Dubuc.*

How are ye the day, Mme. Dubuc?

**THERESE DUBUC**

Dinnae git owre close, Germaine. She's startit bitin noo.

*Olivine Dubuc tries to bite Germaine's hand.*

**GERMAINE LAUZON**

By the Christ, yir right! She's dangerous! Hoo long's she been daein that?

**THERESE DUBUC**

Wid ye mind turnin aff the wireless, Germaine? Ma heid's birlin. Ma nerves are aw tae hell eftir that cairry-oan.

*Germaine Lauzon reluctantly turns off the radio.*

**GERMAINE LAUZON**

Not at all, Thérèse, hen. Ah ken how ye feel, ya pair thing ye.

**THERESE DUBUC**

Ah've hid as much as ah can take. Ye've nae idea the life ah lead huvin that ain oan ma back aw the time. It's no that ah'm no foand ae her, the pair auld sowl. Ye cannae help but feel sorry fur her. But ye nivir ken when she's gaunnae tak wan ae her turns. Ah've goat tae keep ma eye oan her moarnin, noon an night.

**DES-NEIGES VERRETTE**

How come she's oot the hoaspital?

**THERESE DUBUC**

Well, ye see, Mlle. Verrette, three months ago ma man goat a rise, so the welfare stoapped peyin fur his mither. If she'd a steyed thair, we'd uv hud tae pey aw the hoaspital bills oorsels.

**MARIE-ANGE BROUILLETTE**

Dear, dear, dear ...

**YVETTE LONGPRE**

That's awfie ...

**DES-NEIGES VERRETTE**

Whit a shame.

*During Thérèse Dubuc's speech, Germaine Lauzon opens the boxes and distributes the booklets and stamps.*

**THERESE DUBUC**

We hid tae take her oot. We hid nae choaice. An ye can take it fae me thit she's a real handfae. Ye expect nae better at ninety-three, but it's like lookin eftir a bairn. Ah've goat tae dress her, waash her, undress her ...

**DES-NEIGES VERRETTE**

My, my!

**YVETTE LONGPRE**

Ya pair thing right enough.

**THERESE DUBUC**

It's nae joke, ah can tell ye. Jist this moarnin, fur instance, ah said tae Paolo, ma youngest, "Yir mummy's gaun her messages, so you stey here an look eftir yir granny." Ye widnae credit it. When ah goat back, the auld yin hid poored a tin ae syrup aw owre hersel an wis pleyterin in it like a daftie. Of coorse, Paolo wis naewhere tae be seen. Ah hud tae waash doon the table, the flair, the wheelchair...

**GERMAINE LAUZON**

What aboot Mme. Dubuc?

**THERESE DUBUC**

Ah jist left her the wey she wis fur the rest ae the efternin tae learn her. If she's gaun tae act like a bairn, ah'm gaunnae treat her like wan. Wid ye credit that ah've even goat tae spoonfeed her?

**GERMAINE LAUZON**

Aw, pair Thérèse. Ma hert goes oot tae ye, doll.

**DES-NEIGES VERRETTE**

You're too good, Thérèse.

**GABRIELLE JODOIN**

Aye. Far too good.

**THERESE DUBUC**

Well, wuv aw goat oor croasses tae bear.

**MARIE-ANGE BROUILLETTE**

If ye ask me, Thérèse, yours's goat skelves!

**THERESE DUBUC**

Ach well, ah dinnae complain. Ah jist tell masel thit the Lord is Good and He'll help me get by.

**LISETTE DE COURVAL**

I think I'm going to cry.

**THERESE DUBUC**

Noo, noo, Mme. de Courval, dinnae upset yirsel.

**DES-NEIGES VERRETTE**

Aw ah can say, Mme. Dubuc, is ah think yir a saint.

**GERMAINE LAUZON**

Right then. Noo thit yese uv aw goat stamps an books, ah'll pit a wee droap watter in some saucers an we can git stertit, eh? Ye're no here tae spend the haill night bletherin.

*She fills a few saucers with water and hands them around. The women begin pasting the stamps.*

If Linda's oot thair, she can come in an gie's a hand.

*She goes out on the balcony.*

Linda! Linda! Richard, hiv ye seen oor Linda? ...Aw, in the name ae ... She's goat some cheek gallivantin tae that cafe while ah'm cawin ma pan oot here. Be a good lauddie and go an tell her tae git right hame pronto. An you come and see Mme. Lauzon the moarn. She'll gie ye some sweeties if there's ony left, okay? Away ye go then, son, an tell her she's tae come hame right this minute.

*She comes back inside.*

The wee gett. She promised me she'd stey in the hoose.

**MARIE-ANGE BROUILLETTE**

Young ains are aw the same.

**THERESE DUBUC**

Aye, thur aw the same. They only think ae thirsels.

**GABRIELLE JODOIN**

Oh wheesht, ye neednae tell me aboot it. Ah've goat ma hands fu at hame. Ever since he went tae that university ma Raymond's cheynged somethin terrible. Ye widnae recognize him. He walks aroond wi his nose in the air as if he wis owre guid fur the likes ae us, havers awaw in Latin maist ae the time, an makes us listen tae that daft bloody music ae his. Wid ye credit it, classical music ... an in the middle ae the eftemin. An if we dinnae waant tae watch his stupit television programmes, he throws a fit. If thurs wan thing ah cannae staund, it's classical bloody music.

**ROSE OUIMET**

Yir no the only wan.

**THERESE DUBUC**

Ah cannae abide it neither. It gie's me a sair heid. Bang-bang here, an boom-boom thair.

**GABRIELLE JODOIN**

Of coorse, Raymond says we dinnae understand it. It beats me thit thurs onything tae understaund. Jist acause he's leamin aw kinna stupit noansense at that university, he thinks wur no good enough fur him. Ah've goat a guid mind tae stoap his money.

**ALL THE WOMEN**

Kids are that ungratefull! Kids are that ungratefull!

**GERMAINE LAUZON**

Mind an full the books right up, eh? Nae empty pages.

**ROSE OUIMET**

Awright, Germaine, awright. We ken hoo tae dae it. It's no the furst time wuv stuck stamps.

**YVETTE LONGPRE**

D'ye no think it's gittin a bit waarm in here? Could we no open the windae a wee bit?

**GERMAINE LAUZON**

Naw, naw. It'll cause a draught. Ah'm feart fur ma stamps.

**ROSE OUIMET**

Aw, come oan, Germaine. Thur no canaries. Thull no flee away. That reminds me, talkin ae canaries, last Sunday past ah went tae see Bernard, ma auldest boay. Ah've nivir seen sae mony burds in the wan hoose. The place wis hoatchin wi thum. The hoose is mair like a big doocot. An its aw her daein. She's burd-daft. She'll no git rid ae ony o thum fur she says she's owre saft-hertit. Well, fair's fair, mebbe she is saft-hertit, but shairly tae Goad thurs a limit. Listen til yese hear this. Yese'll git yir kill at it.

*Spotlight on Rose Ouimet.*

Take it fae me, the wummin's no aw thair. Ah laugh aboot it, but really it's no funny. Anyhows, last Easter, Bernard picked up this burd cage fur the two bairns. Some fellie doon at the bar wis needin money, so he sellt it cheap wi the burds in it an aw ... Well, the minute she saw the cage an the burds, she went the craw road. She fell in love wi thae wee burds. She lookit eftir thum better nor she looked eftir her ain bairns. Ah'm no exaggeratin. An afore ye kent it the females startit layin eggs ... An when they stertit tae hatch, she thoat they wur jist her ain wee darlins. She hidnae the hert tae pit thum doon the lavvy. Ye've goat tae be aff yir nut, eh? So she kept thum aw! The haill bloody loat! Christ knows hoo mony she's goat. Owre mony fur me tae try coontin thum, ah can tell ye ... But, take it fae me, every time ah set fit in that hoose ah near go the craw road masel. Aboot two a'cloack she opens the cage an oot flee her burds. They flee aw owre the hoose, shitin oan awhing. Then we huv tae clean thur keech up eftir thum. An then when it's time tae pit thum back in the cage, they dinnae waant tae go. Ye might well imagine. So she starts screamin at the bairns, "Catch the wee burdies noo. Yir mammy's too tired." An the wee yins go chasin eftir the burds an the place is in uproar like a bloody menagerie. As fur me, ah git the hell oot the road. Ah goes an sits oan the balcony till thuv aw been catched.

*The women laugh.*

An as fur thae bairns. They wull not dae a thing thur tellt. Ah'm foand ae thum awright. They're ma grandchildren eftir aw. But Christ Almighty, do they no drive me roond the bend. Oor bairns wurnae like thon ... Ye can say whit ye like. Young ains nooadays dinnae ken hoo tae bring up thur bairns.

**GERMAINE LAUZON**
Ye nivir said a truer word.

**YVETTE LONGPRE**
Aye, ye can say that again.

**ROSE OUIMET**
Take anither fur-instance. In oor time we widnae huv lit the bairns play in the bathroom. But well, you shoulda seen it oan Sunday. The kids jist went tae the lavvy aw innocent-like, but afore ye kent it they'd turned the place upside-doon. Ah didnae dare start. She

says ah say owre much as it is. The mair ah heard thum the mair ah goat riled. They took the toilet roll an unrolled it, the haill bloody loat. She jist sat thair bawlin, "Hey you kids, Mammy's gaunnae git angry." Of coorse, they didnae pey a blind bit o notice. They jist cairried right oan. Ah wid've leathered the life oot ae thum, the wee buggers. An wur they enjoayin thirsels! Bruno, the youngest ... Can ye imagine cryin a bairn 'Bruno'? Ah still cannae git owre it ... Anyweys, Bruno, the youngest, climbed intae the bath wi aw his claes oan an wi lavvy paper wrapped aw roond him, an turned oan the watter. He near died ae laughin. He wis makin boats oot ae wet paper and the watter wis rinnin aw owre the place, floodin the flair. Well, ah hid tae dae somethin, so ah gien each ae thum a guid skelp oan the erse and sent thum aff tae thur beds.

YVETTE LONGPRE

Ye wur quite right.

ROSE OUIMET

Thur mither went aff the deep-end, of coorse, but ah'm bloody shair ah wisnae gaun tae lit thim cairry oan like that. She's saft in the heid. She jist sits thair peelin tatties an listenin tae the wireless away wi the fairies. Ah'm no surprised she's contentit ... She's goat nothin in her heid so she's goat nuhin tae worry aboot. Pair Bernard! Sometimes ah really feel sorry fur him, bein mairrit tae that. He shoulda steyed at hame wi me. He wis a loat better aff.

*She bursts out laughing. The lighting returns to normal.*

YVETTE LONGPRE

Is she no a scream! Thurs nae haudin her doon. Ye can aye depend oan her fur a laugh.

GABRIELLE JODOIN

Aye, Rose is aye guid fun at a pairty.

**ROSE OUIMET**

Ah aye say, when it's time tae hiv a laugh ye might as well hae a guid yin. Every story's goat its funny side. Even the sad wans ah tell come oot coamical.

**THERESE DUBUC**

You're gey lucky you can say that, Mme. Ouimet. It's no everybody...

**DES-NEIGES VERRETTE**

We understand, hen. It must be hard fur ye tae laugh wi aw your problems. You're far owre good, Mme. Dubuc. You're aye thinkin o ither folk ...

**ROSE OUIMET**

That's right. Ye should think aboot yirsel sometimes, Mme. Dubuc. Ye never go oot.

**THERESE DUBUC**

Ah dinnae hiv the time! When can ye see me gittin oot? Ah hivnae the time. Ah've goat tae look eftir her ... And even if thur wis nothin else ...

**GERMAINE LAUZON**

How d'ye mean? Dinnae tell me thurs somethin else, Thérèse.

**THERESE DUBUC**

If ye but kent! Noo that ma man's goat a rise, the faimly thinks we're rollin in it. Jist yisterday ma guid-sister's guid-sister came tae the hoose moochin. Well, ye ken me. When she gien me her sob story ma hert jist went oot tae her. So ah gien her some auld claes ah didnae need any mair ... Oh, she wis that pleased ... An she wis greetin ... She even tried tae kiss ma hands.

DES-NEIGES VERRETTE
Ah'm no surprised. Ye deserved it.

MARIE-ANGE BROUILLETTE
Ah really think you're an angel, Mme. Dubuc.

THERESE DUBUC
Och, dinnae say that ...

DES-NEIGES VERRETTE
Oh but aye. It's true. That's jist whit ye are. A pure angel.

LISETTE DE COURVAL
It certainly is, Mme. Dubuc. We greatly admire you. And you can be sure I won't forget you in my prayers.

THERESE DUBUC
Well, ah aye say tae masel,"If God has put poor folk oan this earth, they've goat tae be helped."

GERMAINE LAUZON
Hey, ah've an idea. When ye've finished fillin up yir books, insteed ae pilin them up oan the table, whey div we no pit them back in the boax? ... Rose, gie me a hand ... We'll timm aw the empty books oot the boax an full it up wi the wans wi the stamps stuck in.

ROSE OUIMET
Aye, that'd be mair sensible. Help ma God! That's wan hoor ae a loat ae books! W'ull nivir full thum aw the night!

GERMAINE LAUZON
Whey can we no? Everybody's no here yit, mind, so we ...

DES-NEIGES VERRETTE
Who else is comin, Mme. Lauzon?

GERMAINE LAUZON

Rhéauna Bibeau and Angéline Sauvé said they'd cry in eftir they've been tae the chapel ae rest. Wan ae Mlle. Bibeau's freends his a lassie whase man's jist dee'd. Ah think his name wis Baril.

YVETTE LONGPRE

No Rosaire Baril?

GERMAINE LAUZON

Aye, ah think that's hit.

YVETTE LONGPRE

Oh my God, ah kent him weel! Him an me wur winshin at wan time. Christ, wid ye imagine that. Ah'd a been a widdie the day.

GABRIELLE JODOIN

Hey, lassies, yese'll no credit this but ken that Spot-the-Mistake competition in the paper? Well, ah fund aw the eight mistakes last week ... It wis the first time ah'd managed it so ah decided tae pit in an entry ...

YVETTE LONGPRE

Did ye win onyhin?

GABRIELLE JODOIN

Dae I look like somedy 'at's won onything?

THERESE DUBUC

Aw, Germaine, whit ye gaunnae dae wi aw thir stamps?

GERMAINE LAUZON

Did ah no tell ye? Ah'm gaunnae dae the hoose oot fae toap tae boatt'm. Jist a minute ... Where did ah pit the catalogue? ... Ah, here it is. See, look at aw that, Therese. Ah'm gaunnae git aw thae things fur nothin.

THERESE DUBUC

Aw that fur nothin! That's no real. Ye mean it's no gaunnae coast ye a cent?

GERMAINE LAUZON

Not a cent! Are thae competitions no jist magic!

LISETTE DE COURVAL

That's not what Mme. Brouillette was saying just a wee while ago.

GERMAINE LAUZON

How come?

MARIE-ANGE BROUILETTE

Och, Mme. de Courval!

ROSE OUIMET

Well, oot wi it, Mme. Brouillette. Dinnae be feart tae say whit ye think. Ye were sayin a minute ago ye didnae like the competitions 'cause only wan faimly wins.

MARIE-ANGE BROUILLETTE

Well, it's true. As far as ah'm concerned aw thae competitons an lotteries are jist a racket. They're no fair. Ah'm aw against thum.

GERMAINE LAUZON

That's jist because ye've nivir won nothin.

MARIE-ANGE BROUILLETTE

Mebbe so, but that disnae stoap thum no bein fair.

GERMAINE LAUZON

How d'ye mean, no fair? You're jist jealous, that's aw. Ye said as much yirsel the minute ye set fit in here. Well, ah've nae time fur jealous folk, Mme. Brouillette. Ah cannae stomache thum wan bit. In fact, if ye really waant tae ken, they gie me the boke.

MARIE ANGE BROUILLETTE

Well! If that's yir attitude, ah'm leavin.

GERMAINE LAUZON

Noo, noo, noo. Jist haud oan a minute. Ah'm sorry. Ah wis a bit shoart wi ye. Ah'm aw nerves the night. Ma tongue disnae ken whit it's sayin any mair. We'll say nae mair aboot it, awright? Ye've every right tae yir ain opinions. Every right. Jist sit doon again an keep pastin, okay?

ROSE OUIMET

Oor sister here's feart she loasses wan ae her workers.

GABRIELLE JODOIN

Shut it, Rose. Mind yir ain business. You're aye stickin yir neb in where it disnae belang.

ROSE OUIMET

Whit's goat intae you, fur Christ's sake? Can ah no even open ma mooth? Thur's nae talkin tae you the night.

MARIE-ANGE BROUILLETTE

Okay, ah'll stey. But ah'm stull against thum.

*From this point on Marie-Ange Brouillette will steal all the booklets she fills. The others will see what she's doing from the outset (except Germaine of course) and will decide to do as she does.*

LISETTE DE COURVAL

I solved the mystery charade in Chatelaine last month ... You know, Chatelaine, that woman's magazine ... It was very easy ... The first clue was "part of an old-fashioned car" ...

**ROSE OUIMET**

Ye mean like a horn? Ma man must be auld-fashioned tae as he's goat wan atween his ligs! He's aye tootin it at me, the horny gett!

**LISETTE DE COURVAL**

So I thought to myself, let's see ... an old-fashioned car ... car ... charabang ... yes, charabang, that must be it ...

**ROSE OUIMET**

Aye, that must be it, fur ye cannae hiv a bang athoot a horn!

**LISETTE DE COURVAL**

So part of an old-fashioned car would be part of the word for an old-fashioned car, don't you see? So char is part of charabang ...

**ROSE OUIMET**

Aye, but char is pairt ae chariot tae ... Ken, chariot, an auld-fashioned caur ... the kind yaised fur Roman in the gloamin ... Dae yese no get it? Roman in the gloamin ... See, am ah no good at thae word games?

**LISETTE DE COURVAL**

The second clue was "helpful" ...

**ROSE OUIMET**

That's whit ma man says ah am. Every night in bed he says tae me, "Could ye help me oan, hen?" ... Aye, that's me owre the back, helpful tae a fault...

**LISETTE DE COURVAL**

So I thought, help ... helpful ... assistance ... to give a hand ...

**ROSE OUIMET**

Aye, that's exactly whit ah dae ... Gie him a haund oan ...

**LISETTE DE COURVAL**

Helpful ... to give aid ... aid ... yes, that must be it, I thought, aid ... because the mystery word meant a game played by society people...

**ROSE OUIMET**

Mono-poly!

*(Rose pronounces the word in this distorted way.)*

**GABRIELLE JODOIN**

Mono-poly?

**ROSE OUIMET**

Aye, ken, that game where the rich buy up aw thing an rook the rest ae us...

**GABRIELLE JODOIN**

Mono-poly? ... Aw, Monopoly! ... Noo ah git it!

**ROSE OUIMET**

An it's no often you git it ...

**GABRIELLE JODOIN**

Shut it, Rose! ... You ken nothin. Tae think society folk wid play Monopoly!

*(To Lisette)*

Wid it be dominoes?

**LISETTE DE COURVAL**

It's very easy really ... char and aid ... You see, it's not difficult if you know how ... charade ... Charade!

**YVETTE LONGPRE**

Charade? Whit's a charade?

LISETTE DE COURVAL

I worked out what it was right away ... It's simple when you know how ...

YVETTE LONGPRE

Did ye win onyhin?

LISETTE DE COURVAL

Oh, but I didn't send in my answer. I don't need to resort to that sort of thing. I just did it for the challenge. Do I look like somedy needs to win prizes?

ROSE OUIMET

Fur masel, ah'm jist daft oan thae word competitions ye get in the papers. Ah've jist goat tae see wan an that's me hooked. Mystery words, crosswords, conundrums, anagrams, acrostics, riddle-me-rees, cryptograms, you name it an ah've done it. Word puzzles are ma speciality, be it scrambled words, back-tae-front words, upside-doon words, ootside-in words. Ah send ma answers aw owre the place athoot fail. It coasts me twa dollar a week jist in stamps.

YVETTE LONGPRE

Hiv ye won onyhin?

ROSE OUIMET

*(Looking towards Germaine)*

Dae ah look like somedy 'at's won onything?

THERESE DUBUC

Mme. Dubuc, wull ye please leave go ma saucer? Look! Noo ye've done it. Ye've spillt the haill loat! Ah've hud it up tae here wi ye. Ye've jist gaun beyond the score noo.

*She strikes her mother-in-law on the head, and her mother-in- law calms down a little.*

**GABRIELLE JODOIN**

Jesus wept, ye dinnae stand any noansense aff her, dae ye? Are ye no feart ye'll dae her an injury?

**THERESE DUBUC**

Naw, naw. She's yaised tae it. It's the only wey tae settle her doon. Ma man worked it oot. If ye gie her a guid skelp oan the heid it seems tae quiet her doon fur a while. That wey thur's no a cheep oot ae her an we git some peace.

*Blackout.*

*Spotlight on Yvette Longpré.*

**YVETTE LONGPRE**

Ye can imagine how proud ah wis. When ma lassie Claudette goat back fae her honeymoon, she gien me the toap tier ae her weddin cake. Oh, it's that boanny. It's like a wee chapel aw made oot ae icin. It's goat a stair wi a red velvet runner oan it at leads up tae a kinna stage, an oan toap ae the stage stands the bride an bridegroom. Two boanny wee dolls aw dressed up jist like as if they'd jist goat mairrit. Thur's even a priest tae bless thum, an at the back thur's an altar. Ye widnae credit it wis aw done wi icin. It's really oot this world. Mind you, the cake didnae half coast us. It had six tiers! Of coorse, it wisnae aw cake, though. Thon wid a coast a fortune. Jist the toap two tiers were cake. The rest wis made ae wid. But ye could nivir a tellt. Anyweys, ma lassie gien me the tap tier as a mindin. She had it pit in wan ae thae gless bells fur me so's tae preserve it. It looked that braw, but ah wis feart it wid turn foostie eventually, ken, no gettin air. So ah taen ma man's gless-cutter an cut oot a hole in the toap ae the bell. Noo the air can git in tae circulate aboot the cake an it'll no go bad.

**DES-NEIGES VERRETTE**

Ah entered wan ae thae word competitions no that long ago ... Ye hid tae fund a slogan fur a bookshoap, ken ... that bookshoap Hachette's ... Ah worked quite a good wan oot ... "Full yir ashet wi books fae Hachette's!" That wis quite good, eh?

**YVETTE LONGPRE**

Did ye win onyhin?

**DES-NEIGES VERRETTE**

Dae ah look like somedy 'at's won onything?

**GERMAINE LAUZON**

Oh hear, Rose, ah seen ye cuttin yer gress this moarnin. Ye should buy yirsel a mower.

**ROSE OUIMET**

Whitforwhey? Ah manage fine wi ma shears. Asides, it keeps me fit.

**GERMAINE LAUZON**

Aw, who d'ye think yir kiddin! Ye wur pechin an blawin like an auld store-hoarse.

**ROSE OUIMET**

Ah'm tellin ye, ah feel the better fur it. Anywey, ah cannae afford a mower. And even if ah could, thurs ither things ah'd raither spend ma money oan.

**GERMAINE LAUZON**

Well, see me, ah'm gaunnae get a mower wi ma stamps ...

**DES-NEIGES VERRETTE**

Her an her bloody stamps are beginnin tae git right up ma nose!

ROSE OUIMET

Whit the hell are ye gaunnae dae wi a mower up oan the third storey?

GERMAINE LAUZON

Oh, ye never know, it might come in handy. And ye can never tell, we'll mebbe decide tae flit wan ae thir days.

DES-NEIGES VERRETTE

She'll be tellin us nixt she needs a new hoose tae pit aw the stuff in she gits wi her bloody stamps.

GERMAINE LAUZON

And ye must admit, it looks gey like we'll need a bigger place fur aw the things ah'll git wi ma stamps.

*Des-Neiges Verrette, Marie-Ange Brouillette and Thérèse Dubuc hide two or three booklets of stamps.*

Here, Rose, ah'll len ye ma new mower when ah git it.

ROSE OUIMET

Oh Christ, no! Ah'd mebbe brek it. Ah'd be collectin stamps fur the nixt two years jist tae pey ye back.

*The women laugh.*

GERMAINE LAUZON

Dinnae be sae smert!

MARIE-ANGE BROUILLETTE

Is she no the limit! She takes some beatin that ain!

THERESE DUBUC

Ah worked oot the mystery voice competition oan the wireless last week ... It wis an auld kinna voaice ... Ah recognised it wis that politician Duplessis ... It wis ma man that twigged who it wis furst ... Ah sent aff twenty-five entries an jist fur luck ah pit doon ma wee boay's name, Paolo Dubuc...

YVETTE LONGPRE

Did ye win onyhin?

THERESE DUBUC

*(Looking at Germaine)*

Dae ah look like somedy who's won onything?

GABRIELLE JODOIN

Here, ye'll nivir guess whit ma man's gaunnae buy me fur ma birthday?

ROSE OUIMET

Same as the year afore, ah suppose. Twa pair ae nylons.

GABRIELLE JODOIN

Funny bugger, eh. Naw, a fur coat. It's no real fur, of coorse, jist synthetic. But ah dinnae think real fur's worth the money onymair anyhow. The artificial wans they make nooadays are jist as nice. In fact, sometimes thur nicer.

LISETTE DE COURVAL

Oh, I can't agree with you there ...

ROSE OUIMET

Aw, here she starts. We aw ken who's goat a big fat mink stole!

LISETTE DE COURVAL

As far as I'm concerned there'll never be a substitute for real fur. By the by, did I tell you I'll be getting a new stole come the autumn? The one I have just now is three years old and it's starting to look... well, just a wee bit tired. Mind you, it's still quite presentable, but...

**ROSE OUIMET**

Shut yir big gab, ya bloody leear ye! We ken damn fine yir man's up tae his erse in debt acause ae your mink stoles an yir fancy trips tae Europe. Ye cannae take us in wi aw that shite aboot bein weel-aff. Ye've nae mair money nor the rest ae us. Ah've had it up tae here wi that slaverin bitch bummin her load.

**LISETTE DE COURVAL**

Mme. Jodoin, if your husband would be interested in buying my stole, I'd be prepared to part with it for a very reasonable price. That way you'd be sure of real mink. I always say that between friends...

**YVETTE LONGPRE**

Ah sent in ma answers tae the "Magnified Objects" competition ... Ken, the wan where the pictures ae the objects are enlarged till they're that close up it's hard tae make oot whit the objects are ...

**ROSE OUIMET**

If they're enlarged and hard, ah ken whit they are ...

**YVETTE LONGPRE**

Well, whitever, ah identified them ... The first wis a hook ... an the second wis a screwdriver ...

**ROSE OUIMET**

Are ye shair it wisnae somethin else fur screwin?

**THE OTHER WOMEN**

*(To Yvette)*

So?

*Yvette Longpré contents herself with looking at Germaine Lauzon and sitting down again.*

GERMAINE LAUZON

Ye know Daniel, Mme. Robitaille's wee boay? He fell aff the second floor balcony the ither day. No even a scratch oan him! Whit d'ye think ae that, eh?

MARIE-ANGE BROUILLETTE

Aye, an he landit oan Mme. Dubé's hammock. And M. Dubé wis haein a sleep in it at the time ...

GERMAINE LAUZON

That's right. M. Dubé's in the infirmary noo. He'll be in fur three month.

DES-NEIGES VERRETTE

Talkin aboot accidents minds me ae a joke ah heard the ither day ...

ROSE OUIMET

Well, oot wi it then.

DES-NEIGES VERRETTE

Oh, ah couldnae. It's too durty ...

ROSE OUIMET

Aw come aff it, Mlle. Verrette. It'll no be the furst wan ye've tellt us.

DES-NEIGES VERRETTE

Ah dinnae ken forwhey, but ah'm too shy the night.

GABRIELLE JODOIN

Stoap huvin us oan, Mlle. Verrette. Ye ken damn fine ye're gauntae tell us onywey.

DES-NEIGES VERRETTE

Well ... awright ... here goes ... There wis this nun goat raped up a passage...

**ROSE OUIMET**

Front passage or back passage?

**DES-NEIGES VERRETTE**

An the nixt moarnin they fund her lyin oan the grund in a back-court, aw filthy-drity, wi her habit pu'd back right up owre her heid. She wis moanin away, no makin any sense. So this reporter comes up tae her and asks her. "Sister, could you give me some details about this terrible experience you've had?" She opens her een, smiles at him, and whispers, "Again. Again."

*All the women burst out laughing except for Lisette de Courval who appears scandalized and Yvette Longpré who does not get the joke.*

**ROSE OUIMET**

That's a bloody guid yin. Ah huvnae heard wan as guid as that in a long time. Jesus wept, ah'm gaunnae pish ma knickers. Where in the hell d'ye fund thum, Mlle. Verrette?

**GABRIELLE JODOIN**

Oh, ye might well ask. Fae her travellin salesman.

**DES-NEIGES VERRETTE**

Mme. Jodoin! If ye don't mind.

**ROSE OUIMET**

Oh aye, that's right enough. Her commercial traveller.

**LISETTE DE COURVAL**

I don't understand.

**GABRIELLE JODOIN**

Mlle. Verrette is freendly wi a travellin salesman 'at comes tae sell her brushes every month. Though if ye ask me, ah think it's mair nor his bristles she likes.

DES-NEIGES VERRETTE

Mme. Jodoin! Jist cut that oot!

ROSE OUIMET

Well, ah ken wan thing. Mlle. Verrette has mair brushes in her hoose nor onybody else in the street ... Hey, ah seen yir fancy man, the commercial traveller, the ither day, Mlle. Verrette. He wis sittin in the cafe. He must've been up tae see ye, eh?

DES-NEIGES VERRETTE

Yes, he paid me a visit, but ah can assure you that there's nothin a-tween me an him if that's whit yir insinuatin.

ROSE OUIMET

That's whit they aw say.

DES-NEIGES VERRETTE

Mme. Ouimet! Sometimes ah think your mind's twistit! You aye think the worst aboot folk. Monsieur Simard is a perfect gentleman.

ROSE OUIMET

Well, we'll jist wait an see in nine months if you're as perfect. Noo, noo, calm doon, Mlle. Verrette, dinnae loass the rag. Ye ken fine ah'm jist windin ye up.

DES-NEIGES VERRETTE

An you ken fine it upsets me when ye say things like that. Ah'm a respectable woman an a good Catholic. If you must know, Henri ... er ... M. Simard came tae see me aboot a Party Plan idea he hid. He waants me tae pit oan wan ae thae hostess pairties nixt week ... in ma hoose. He's asked me tae invite aw ae yese. He approached me as he kens ma hoose best ... It'd be a week oan Sunday, right eftir the chapel. Ah need at least ten folk tae come if ah've tae get ma free gift ... He gies away a set ae fancy cups tae the hostess fur nothin. They're really beautiful cups. Really beautiful. Wi pictures ae the Niagara Falls oan thum. They're souvenirs he broat back fae there. They must've coast him a fortune.

**ROSE OUIMET**

Certainly, we'll come along, eh, lassies? Any excuse fur a pairty. Wull thur be free samples.

**DES-NEIGES VERRETTE**

Ah dinnae ken. Ah suppose thur might be. But ah'll be makin up sandwiches ...

**ROSE OUIMET**

That's mair nor ye get here. We'll be lucky tae git a gless ae watter.

*Olivine Dubuc tries to bite her daughter-in-law.*

**THERESE DUBUC**

Mme. Dubuc, if you dinnae stoap daein that ah'm gaunnae loack ye in the lavvie an ye can stey there the rest ae the night.

*Blackout.*

*Spotlight on Des-Neiges Verrette.*

**DES-NEIGES VERRETTE**

The furst time ah seen him ah thoat he wis ugly. At least, ah didnae think he wis guid-lookin tae stert wi. When ah opened the door he took aff his hat an said tae me, "Would the lady of the house be interested in buying some brushes?" Ah shut the door in his face. Ah nivir allows a man intae ma hoose. Ye nivir ken whit might happen ... The only wan 'at gets in is the paper boay. He's still owre young tae get any funny ideas. Anyhows, a month later back he came wi his brushes. It wis poorin buckets ootside so ah let him stand in the loabby. Wance he wis in the hoose, ah startit tae get jittery, but ah tellt masel he didnae look the dangerous type, even if he wisnae very boanny tae look at ... But he ayeweys looks that smert. No a hair oot ae place. Like a real gentleman. And he's ayeways that polite. Well, he sellt me a couple ae brushes an then he showed me his catalogue. There wis somehin 'at ah waantit but he didnae huv it wi him so he said ah could oarder it. Ever since then, he's come back wance a month. Sometimes ah dinnae buy anythin. But he jist comes in an we blether fur a wee while. He's an awfie nice man ... Ah think ... ah really think ah'm in love wi him ... Ah ken it's daft ... Ah only see him wance a month ... But it's that nice when we're thegither ... Ah'm that happy when he comes. Ah've nivir felt like this afore. It's the furst time it's happened tae me. Fur usual men nivir pey me any notice. Ah've aye been ... oan the shelf, so tae speak. He tells me aw aboot his trips, an aw kinna stories an jokes. Sometimes his jokes are a wee bit near the bone, but they're that funny! Ah dinnae ken whey, but ah've aye liked jokes that are a wee bit durty. It's good fur ye, tae, fur tae tell durty jokes noo an again. Mind you, no aw his jokes are durty. Loats ae thum are clean. An it's only jist recent he's startit tellin me the durty wans. Sometimes they're that durty ah blush rid as a beetroot. The last time he tellt me wan he took ma hand cause ah blushed. Well, ah vernear died. Ma insides went aw funny when he pit his big hand oan mines. Ah need him sae much! Ah dinnae waant him tae go away! Sometimes, jist noo an again, ah dream aboot him. Ah dream ... that we're mairrit. Ah need him tae come back an see me. He's the furst man 'at's ever peyed me any notice. Ah dinnae waant tae loass him! Ah dinnae waant tae loass him! If he goes away, ah'll be left oan ma ain again, and ah need ... some'dy tae love ...

*She lowers her eyes and murmurs.*

Ah need a man.

*The lights come back on. Enter Linda Lauzon, Ginette Ménard, and Lise Paquette.*

GERMAINE LAUZON

So ye've come back! No afore time, tae!

LINDA LAUZON

Ah wis at the cafe.

GERMAINE LAUZON

Ah ken damn fine ye wur at the cafe. If ye keep hanging aroond there, ma lass, ye're gaunnae end up like yir Auntie Pierrette ... oan the game.

LINDA LAUZON

Lea aff, mum! Yir gittin worked up aboot nohin.

GERMAINE LAUZON

Ah asked you tae stey in the hoose ...

LINDA LAUZON

Look, ah jist went oot fur fags an ah bumped intae Lise an Ginette...

GERMAINE LAUZON

That's nae excuse. You kent ah wis hivin folk in. Ye should'a come straight hame. You dae it oan purpose, Linda. Ye dae it jist tae annoay me. Ye waant tae make me loass ma temper in front ae ma freens. That's it, intit? Ye waant tae make me swear in front ae ootsiders. Well, by the Christ, you've succeeded! But dinnae you think ah'm feenished wi you yit, ma hen. Ah'll take care ae you later, Linda Lauzon, an you'll git whit's comin tae ye.

**ROSE OUIMET**

This isnae the place tae be gien her a bawlin oot, Germaine!

**GABRIELLE JODOIN**

You! Keep yir neb oot ae ither folk's business.

**LINDA LAUZON**

Help ma God! Ah'm jist two three minutes late. It's no the end ae the world.

**LISE PAQUETTE**

It's oor fault.

**GERMAINE LAUZON**

Fine ah ken it's your faults. If ah've tellt oor Linda wance ah've tellt her a thoosand times no tae run aroond wi tramps. But do you think she peys a blind bit ae notice? She dis everything tae contradict me. Sometimes ah could strangulate her!

**ROSE OUIMET**

Aw, come oan, Germaine.

**GABRIELLE JODOIN**

Rose, ah've jist done tellin ye tae keep yir nose oot ae this. It's their business. It's goat nohin tae dae wi you.

**ROSE OUIMET**

Stoap nigglin me. Yir gettin oan ma tits. Whey should Linda git bawled oot? She's done nothin wrang.

**GABRIELLE JODOIN**

It's nane ae oor business.

LINDA LAUZON

You lea her alane, Auntie Gaby. She's only tryin tae stick up fur me.

GABRIELLE JODOIN

Don't you tell me what tae dae, young lady! You show some respect fur yir godmither.

GERMAINE LAUZON

Ye see whit she's like! She cairries oan this wey aw the time. Ah nivir broat her up tae act the goat like this.

ROSE OUIMET

Aw aye, an how did ye bring yir bairns up?

GERMAINE LAUZON

You! You're the wan tae ask that question. Your bairns ...

LINDA LAUZON

Oan ye go, Auntie Rose. You gie it tae her. Tell her straight. You're the only wan 'at can dae it.

GERMAINE LAUZON

Whit's come owre you aw ae a sudden that yir sae thick wi yir Auntie Rose? Hiv ye forgoatten whit ye said when she phoned jist a wee while ago, eh? Come oan, Linda, tell yir Auntie Rose whit ye said aboot her. Can ye no mind? Wis it no ...

LINDA LAUZON

That wis different.

ROSE OUIMET

Whey, whit did she say?

GERMAINE LAUZON

Well, she answered the phone when ye phoned earler, mind? And she wis owre ignorant tae say, "One moment, please," so ah tellt her tae be mair polite like ...

**LINDA LAUZON**

Och, hud yir tongue, maw! That's goat nothin tae dae wi this.

**ROSE OUIMET**

Ah waant tae ken whit you said, Linda.

**LINDA LAUZON**

It wisnae anyhin. Ah wis gittin at her. She wis oan ma back.

**GERMAINE LAUZON**

She said, "It's only ma Auntie Rose. Ah dinnae see whey ah should be polite tae her."

**ROSE OUIMET**

The cheeky wee bugger! Did you say that?

**LINDA LAUZON**

Ah tellt ye, Auntie Rose. Ah wis jist gittin at her.

**ROSE OUIMET**

Ah'd nivir huv thoat that ae you, Linda. You've went doon in ma estimation. You've lit me doon. You've really lit me doon.

**GABRIELLE JODOIN**

Lea them tae fight it oot thirsels, Rose.

**ROSE OUIMET**

Aye, ah'll lit them fight it oot. Oan ye go, Germaine. You gie it tae her, the wee gett! Ah'll tell you somethin, Linda. Yir mither's right. If you dinnae watch yir step, ye'll end up like yir Auntie Pierrette. Coont yirsel lucky ah dinnae rattle yir jaw here an noo.

**GERMAINE LAUZON**

Ah'd like tae see ye try it! Naebdy pits a hand oan ma bairns but me. If they need a leatherin, ah'll gie it tae them. Naebdy else his a right tae sae much as lay a finger oan them.

**THERESE DUBUC**

Fur Christ's sake, stoap this argybargyin. Ah'm worn oot wi it.

**DES-NEIGES VERRETTE**

Me, tae. It's gien me palpitations.

**THERESE DUBUC**

Ye're gaunnae wake up ma mither-in-law an she'll stert her cairry-oan again.

**GERMAINE LAUZON**

That's your look-oot, no mines! Ye should'a left her at hame in the furst place.

**THERESE DUBUC**

Germaine Lauzon!

**GABRIELLE JODOIN**

Well, she's quite right. Ye dinnae go oot tae pairties wi a ninety-three year auld cripple.

**LISETTE DE COURVAL**

Mme. Jodoin! And you're just done telling your sister to mind her own business.

**GABRIELLE JODOIN**

Keep your big nose oot ae this, ya toffee-nosed gett! Jist you keep pastin thae stamps or ah'll paste ye wan in the mooth.

*Lisette de Courval stands up.*

**LISETTE DE COURVAL**

Gabrielle Jodoin!

*Olivine Dubuc, who has been playing for a few minutes with a dish of water, lets it fall on the floor.*

**THERESE DUBUC**

Watch oot whit yir daein, Mme. Dubuc.

**GERMAINE LAUZON**

Aw Jesus wept! Ma tablecloath!

**ROSE OUIMET**

She's soaked me, the auld bugger! Ah'm wringin wet.

**THERESE DUBUC**

Nothin ae the kind! Ye were naewhere near!

**ROSE OUIMET**

That's right, caw me a leear tae ma face.

**THERESE DUBUC**

It's true. Ye're nothin but a notit leear, Rose Ouimet.

**GERMAINE LAUZON**

Watch, she's fawin oot her chair.

**DES-NEIGES VERRETTE**

Mary an Joseph, she's oan the flair again!

**THERESE DUBUC**

Some'dy gie me a hand.

**ROSE OUIMET**

Ye can coont me oot.

GABRIELLE JODOIN

Pick her up yirsel.

DES-NEIGES VERRETTE

Here, ah'll help ye, Mme. Dubuc.

THERESE DUBUC

Thanks, Mlle. Verrette.

GERMAINE LAUZON

Listen, Linda, you'd better stey oot ma road fur the rest ae the night.

LINDA LAUZON

Suits me. Ah cannae breathe in here. We'll go back tae the cafe.

GERMAINE LAUZON

You dae that an you'll no set foot in this hoose again, d'ye hear?

LINDA LAUZON

Aye, aye. Ah've heard it a thoosand times.

LISE PAQUETTE

Cut it oot, Linda ...

THERESE DUBUC

Forcryinootloud, Mme. Dubuc, dinnae jist hing like that. Yir daein it oot ae badness. Stiffen up, wull ye.

MARIE-ANGE BROUILLETTE

Ah'll haud the chair.

THERESE DUBUC

Thanks, hen ...

ROSE OUIMET

If it wis up tae me, ah'd take that stupit chair wi her in it and ...

GABRIELLE JODOIN

Dinnae you start again, Rose.

THERESE DUBUC

Whew! Whit ah huv tae pit up wi ...

GABRIELLE JODOIN

Hey, wid ye get yir full ae de Courval, still stickin her stamps ... the stuck-up bitch. Ye'd think nothin hid happened! Ah suppose this kinnae thing's beneath her.

*Blackout.*

*Spotlight on Lisette de Courval.*

LISETTE DE COURVAL

It's like living in a menagerie. My husband Léopold told me I shouldn't come, and he was right. These aren't our kind of people. They live in another world from us. When you've experienced life on a transatlantic liner and then compare it with this, well ... It would make you weep ... I can still see myself stretched out on my li-lo reading a Mills and Boon ... And that petty officer giving me the glad eye ... My husband says he was doing no such thing, but he didn't see all that I could see ... Mmm ... He was a fine figure of a man ... Maybe I should've egged him on a bit more ... And as for Europe! Everyone over there is so well brought up. They're far more polite than here. You'd never meet a Germaine Lauzon over there. Only people with class. In Paris everyone speaks so refined. There they speak proper French ... Not like here ... I hate all of them. I'll never set foot in this place again! Léopold was right. These people are inferior. They're nothing but keelies. We shouldn't be mixing with them. We shouldn't even waste breath talking about them ... They should be hidden away somwhere, out of sight. They don't know what life is. We managed to pull ouselves up out of this and we will make sure we never sink to their level again. My God, I'm so ashamed of them.

*The lights come back on.*

LINDA LAUZON

Ah've hud enough. Ah'm leavin ...

GERMAINE LAUZON

Ah'm bloody sure'n ye're no! You've jist gaun owre the score oan purpose. Ah'm warnin you, Linda.

LINDA LAUZON

"Ah'm warnin you, Linda." Is that aw you can ever say?

LISE PAQUETTE

Dinnae be stupit, Linda.

GINETTE MENARD

Come oan, lit's stey.

LINDA LAUZON

Naw, ah'm gittin oot ae here. Ah've taen enough snash fur wan night.

GERMAINE LAUZON

Linda, ah'm orderin you tae stey here!

VOICE OF A NEIGHBOUR

Are youse gaunnae stoap that racket up there! We cannae hear oorsels think!

*Rose Ouimet goes out on the balcony.*

ROSE OUIMET

Hey, you! 'Way back intae yir kennel!

NEIGHBOUR

Ah wisnae talkin tae you!

ROSE OUIMET

Oh aye ye were. Ah wis bawlin as loud as the rest ae them.

GABRIELLE JODOIN

Rose, will you git in here!

DES-NEIGES VERRETTE

Dinnae pey ony attention tae her.

NEIGHBOUR

Ah'm gaunnae send fur the polis!

ROSE OUIMET

Jist you go straight ahead. We could dae wi a few men up here.

GERMAINE LAUZON

Rose Ouimet, you git back inside this hoose! And you, tae, Linda...

LINDA LAUZON

Ah'm fur oot. Cheeriebye.

*She leaves with Ginette and Lise.*

GERMAINE LAUZON

She's went! Jist mairched right oot, cool as ye like! Wid ye credit it! She's tryin tae pit me in ma grave, that wee besom. Ah'm gaunnae smash somethin! Ah'm gaunnae smash somethin!

ROSE OUIMET

Get a grip ae yirsel, Germaine.

**GERMAINE LAUZON**

Makin an erse oot ae me in front ae ootsiders! Ah'm black affrontit!

*She breaks down into tears.*

That ma ain dochter could dae that tae me ... Ah'm that ashamed!

**GABRIELLE JODOIN**

Come oan noo, Germaine. It's no as bad as aw that ...

**LINDA LAUZON**

*(Offstage)*

Well, if it isnae Mademoiselle Sauvé! Hey-ya!

**ANGELINE SAUVE**

*(Offstage)*

Hullo, ma doll! How are ye?

**ROSE OUIMET**

Germaine, they're here. Blaw yir nose an stoap that greetin.

**LINDA LAUZON**

*(Offstage)*

Aw, no bad.

**RHEAUNA BIBEAU**

*(Offstage)*

Where are ye aff tae?

**LINDA LAUZON**

*(Offstage)*

Ah wis gauntae go tae the cafe, but noo that you're here ah think ah'll stey.

*Enter Linda, Ginette, Lise, Rhéauna, and Angéline.*

**ANGELINE SAUVE**

Hullo, everybody.

**RHEAUNA BIBEAU**

Hullo.

**THE OTHERS**

Hullo, hullo. How are yese? ...

**RHEAUNA BIBEAU**

That's some climb up up thae stairs, Mme. Lauzon. Ah'm fair peched.

**GERMAINE LAUZON**

Well, jist sit yirsels doon an hae a seat.

**ROSE OUIMET**

Ye'll no hae tae pech up the stairs the nixt time ye come. Ma sister'll see tae that. She's gaunnae git a lift pit in wi her stamps.

*The women laugh except for Rhéauna and Angéline who do not know how to take this comment.*

**GERMAINE LAUZON**

Aw, very funny, Rose! Linda, away ben the hoose an git some mair chairs...

**LINDA LAUZON**

Where fae? There arenae nae mair ...

**GERMAINE LAUZON**

Go an ask Mme. Bergeron if she'll lend us wan or two.

**LINDA LAUZON**

Come oan youse pair ...

**GERMAINE LAUZON**

*(In a low voice to Linda)*

Aw right, ah'm haudin ma tongue the noo, but jist you look oot when the ithers leave.

**LINDA LAUZON**

Look, ah came back because Mlle. Sauvé and Mlle. Bibeau arrived. It wisnae fur ah wis feart ae you.

*Linda goes out with Lise and Ginette.*

**DES-NEIGES VERRETTE**

Here, hiv ma seat, Mlle. Bibeau ...

**THERESE DUBUC**

Aye, come an sit aside me fur a wee whilie ...

**MARIE-ANGE BROUILLETTE**

Sit doon here, Mlle. Bibeau ...

**ANGELINE SAUVE & RHEAUNA BIBEAU**

Thanks ... thanks very much.

**RHEAUNA BIBEAU**

Ah see you're stickin stamps.

**GERMAINE LAUZON**

Ye can say that again. A mullion ae them!

**RHEAUNA BIBEAU**

Good God, a mullion! How're yese gittin oan?

**ROSE OUIMET**

No bad, no bad ... But ma tongue's paralysed ...

RHEAUNA BIBEAU

Ye've licked aw thaim wi yir tongue?

GABRIELLE JODOIN

His she hell! She's jist actin the goat.

ROSE OUIMET

She's as fast oan the uptake as usual, that Bibeau.

ANGELINE SAUVE

Can we gie ye a hand?

ROSE OUIMET

*(With a dirty laugh)*

Dae ye no prefer lickin wi yir tongue?

GABRIELLE JODOIN

Your mind's fulthy, Rose.

GERMAINE LAUZON

And how did ye get oan at the funeral parlour?

*Blackout.*

*Spotlight on Angéline Sauvé and Rhéauna Bibeau.*

RHEAUNA BIBEAU

It came as a shoack, ah can tell ye.

ANGELINE SAUVE

Ye didnae ken him that weel though.

RHEAUNA BIBEAU

Ah kent his mither fine. So did you. Mind we went tae the school thegither, her an me? Ah watched that pair man grouwin up ...

**ANGELINE SAUVE**

Aye. It's a shame. Away jist like that. An us, we're still here hingin oan.

**RHEAUNA BIBEAU**

Ah, but no fur long ...

**ANGELINE SAUVE**

Rhéauna, dinnae say things like that ...

**RHEAUNA BIBEAU**

Ah ken whit ah'm talkin aboot. Ye can feel it when yir time's nearly up. Ah've suffered tae.

**ANGELINE SAUVE**

When it comes tae that, we've baith hid oor shares. Ah've suffered tae.

**RHEAUNA BIBEAU**

Aye, but ah've suffered mair nor you, Angéline. Seeventeen operations! Aw ah'm left wi is wan lung, wan kidney, wan breist ... You name it an ah've hud it oot. Ah'm tellin you, there's no much left ae me.

**ANGELINE SAUVE**

And me wi ma arthritis 'at's aye gien me jip. But Mme. ... whit's she cried? ... Ken, the wife ae him 'at's dee'd? ... She gied me the name ae a boattle tae git fae the chemist's. She said it wid work wonders.

**RHEAUNA BIBEAU**

But ye ken fine ye've tried awhing. The doactirs've aw tellt ye there's nothin ye can dae aboot it. There's nae cure fur arthritis.

**ANGELINE SAUVE**

Doactirs, doactirs ... ah've hid ma full o doactirs. Aw they're concerned aboot is makin money. They rook ye fur aw ye've goat so's they can live in big hooses, drive fancy cars an fly away tae California fur the winter. Dae you know, Rhéauna, that the doactir said he'd be up oan his feet again in nae time, Monsieur ... Monsieur ... whit wis his name again? The wan 'at's dee'd?

RHEAUNA BIBEAU

Monsieur Baril ...

ANGELINE SAUVE

That's it. Ah can nivir mind it. It's no as if it's difficult neither. Anyhow, the doactir tellt M. Baril that he had nothin tae worry aboot ... An look whit happened ... Only forty year auld tae ...

RHEAUNA BIBEAU

Forty year auld! That's owre young tae dee.

ANGELINE SAUVE

He must've went doonhill in nae time at aw.

RHEAUNA BIBEAU

She tellt me how it aw happened. It wid brek yir hert so it wid ...

ANGELINE SAUVE

Is that a fact? Ah wisnae there when she tellt ye. How did it happen?

RHEAUNA BIBEAU

When he goat hame fae's work oan the Monday night, she thoat he wis a funny kinna colour. He wis as white as a sheet, so she asked him if he was feelin awright. He said there wis nothin wrang wi him, an they sat doon tae thir tea ... The kids were cairryin oan an argeyin at the table an Monsieur Baril loast the rag an leathered Rolande. That's his lassie. An, of coorse, it wis then he took his turn ... She says she didnae take her een aff him fur a second. She wis watchin him like a hawk aw the time but ... She tellt me that it aw wis owre that quick that she didnae even hae time tae move oot her seat. All of a sudden he said he wis feelin funny and owre he cowped... His face landit right in his soup. An that wis it!

**ANGELINE SAUVE**

Holy Mither ae Mercy! Jist like that? That's no real. Ah'm tellin ye, Rhéauna, it's creepy. It makes ma flesh crawl. It gies me the heebie-jeebies.

**RHEAUNA BIBEAU**

There's a lesson in it jist the same though. We nivir ken when the good Lord's gaunnae come fur us. As he said Himself, "I'll come like a thief."

**ANGELINE SAUVE**

Oh, wheesht! It makes me feart, stories like that. Ah dinnae waant tae dee like yon. Ah waant tae dee in ma bed ... Hiv time tae make a confession.

**RHEAUNA BIBEAU**

Oh, please God dinnae lit me dee afore ma confession! Angéline, promise me ye'll git the priest in soon as ah take no weel. Promise me ye'll dae that.

**ANGELINE SAUVE**

Och, ye ken ah will. If ye've asked me wance, ye've asked me a hunner times. Did ah no get him fur ye when ye hid yir last attack? He gien ye communion an awthing.

**RHEAUNA BIBEAU**

Ah'd be really feart tae dee athoot receivin the last rites.

**ANGELINE SAUVE**

Och, what've ye goat tae confess at your age, Rhéauna?

**RHEAUNA BIBEAU**
Age's goat nuhin tae dae wi it, Angeline. Sin disnae respect age.

**ANGELINE SAUVE**
If ye ask me, Rhéauna, you'll go straight tae Heevin. You've goat nothin tae worry aboot. Here, did ye notice that deed man's lassie? Monsieur whit's his name? She looked like daith waarmed up.

**RHEAUNA BIBEAU**
Ah ken. Pair Rolande. She's gaun aboot tellin awbdy she killt her faither. It wis acause ae her he loast his temper at the tea-table, ye see ... Aw, ah feel that sorry fur her ... and her mither. It's a cryin shame, so it is. It's a sair loass fur them aw ... a sair loass ...

**ANGELINE SAUVE**
Aye, the heid ae the hoose, the faither ... you're tellin me. Mind you, it's no as bad as loassin the mither, but still ...

**RHEAUNA BIBEAU**
Right enough. Loassin yir mither's worser. Naebdy can take the place o a mither.

**ANGELINE SAUVE**
Did ye see hoo boanny he looked? ... Like a young man. He wis even smilin ... Ye widda thoat he wis jist sleepin. Still an aw, ah think he's better aff where he is ... It's true whit they say, it's the wans 'at are left that deserves the sympathy. Him, he's safe noo ... Oh, but ah still cannae git owre hoo braw he lookit. Ye'd hae actually thoat he wis still breathin.

**RHEAUNA BIBEAU**
Aye, but he wisnae.

**ANGELINE SAUVE**

Mind you, ah cannae fur the life ae me see whey they pit him in thon suit.

**RHEAUNA BIBEAU**

Whit d'ye mean?

**ANGELINE SAUVE**

Did ye no notice? He hid oan a blue suit. That's no the done thing. No fur a deed man. A blue suit is far owre light. If it his tae be blue, it should at least be navy blue ... but no powder blue like thon. It's mair decent fur a deed man tae be dressed in a black suit.

**RHEAUNA BIBEAU**

Mebbe he didnae huv wan. They're no that weel-aff a faimly, ye ken.

**ANGELINE SAUVE**

But fur-the-love-ae-God, ye can hire a black suit! And did ye see Mme. Baril's sister! Dressed in green! In a chapel ae rest! An did ye notice hoo much she's aged? She looked years aulder than her sister ...

**RHEAUNA BIBEAU**

But she is aulder.

**ANGELINE SAUVE**

Dinnae haver, Rhéauna, she's a loat younger.

**RHEAUNA BIBEAU**

She's nothin ae the kind.

**ANGELINE SAUVE**

Ah'm tellin ye, Rhéauna. Mme. Baril is thirty-seevin comin oan thirty-eight, an her sister ...

**RHEAUNA BIBEAU**

She's well owre forty!

**ANGELINE SAUVE**

Rhéauna, she isnae!

**RHEAUNA BIBEAU**

Well, ah'd pit her at forty-five.

**ANGELINE SAUVE**

That's whit ah'm tryin tae tell ye. She's aged that much she looks mair auld than she is ... Fur look, ma guid-sister, Rose-Aimée, is thirty-six, an the two ae them went tae the school thegither ...

**RHEAUNA BIBEAU**

Well, whitiver, ah'm no surprised she's aged sae fast ... What wi the life she leads ...

**ANGELINE SAUVE**

Ah'm no shair that aw thae stories aboot her are true.

**RHEAUNA BIBEAU**

They must be! Mme. Baril tries tae hide it cause it's her sister ... But the truth aye comes oot. It's like Mme. Lauzon an her sister, Pierrette. If there's wan person ah cannae stomache, it's that Pierrette Guérin. She's a right wee hure. Broat nothin but shame tae her faimly. Ah can tell you, Angéline, ah widnae waant tae see her soul. It must be as black as hell.

**ANGELINE SAUVE**

Aw come oan noo, Rhéauna, Pierrette isnae *aw* bad.

*Spotlight on Germaine Lauzon.*

**GERMAINE LAUZON**

Ah've hid nothin adae wi ma sister Pierrette fur a long time noo. No eftir aw she did tae us. An tae think that she wis that weel-behaved as a bairn. She wis as guid as gold ... Butter widnae've meltit in her mooth. An she wis that boanny tae look at, tae. But noo? Noo she's nothing but a wee hure. Me an ma sisters worshipped her. We speylt her somethin rotten. Ah dinnae understand whit's went wrang. Ah jist divnae unnerstaund. Ma faither yaised tae caw her his wee cooshie-doo. He wis daft oan her, his wee Pierrette. When he hid her oan his knee, ye could see hoo happy he wis. An the rest ae us didnae even feel jealous ...

**ROSE OUIMET**

We used tae say tae oorsels, "She's the bairn ae the faimly so she's the favourite. That's jist the wey ae it. The youngest aye gits the attention." When she startit the schuil, we dressed her up like a wee princess. Ah wis awready mairrit bi that time but ah can mind oan it as if it wur jist yistirday. Oh, she wis that boanny! A real Shirley Temple! An she learned that quick at the schuil. No like me. Ah nivir did a stroke at school ... Ah wis the class coamic ... That's aw ah've ever been good fur. But her, the wee bugger, she wis aye comin hame wi prizes. Toap ae the class in French, in Arithmetic, in Religious Studies. Aye, Religious Studies! She wis as religious an weel-behaved as a nun, that bairn. The Holy Sisters wur daft oan her, tae. If they could see her the day ... My God, deep-doon ah feel a bit sorry fur her. She must greet fur help sometimes ... And she must git hellish lonely ...

GABRIELLE JODOIN

When she left the schuil, we asked her whit she waantit tae be. She said she waantit tae be a teacher. She wis aw set tae start her trainin ... but she hid tae go an meet that Johnny!

THE THREE SISTERS

That swine, Johnny! He's the work ae the divil! He's the wan tae blame fur her turnin oot the wey she did. That bastardin Johnny! That bastardin Johnny!

RHEAUNA BIBEAU

Whit d'ye mean, no *aw* bad! Ye've goat tae sink bloody low tae dae whit she did. If you but kent whit Mme. Longpré tellt me aboot her.

ANGELINE SAUVE

Oh? Tell me mair ...

THERESE DUBUC

Oh-ya!

*The lights come back on. Thérèse Dubuc skelps her mother-in-law on the head.*

GERMAINE LAUZON

Therese, fur wance an fur aw make her behave hirsel. Knoack her senseless if ye've goat tae, jist fur Christ's sakes dae somethin.

THERESE DUBUC

Aw aye, knoack her senseless! Listen, ah'm daein aw ah can tae keep her quiet. Ah'm no gaunnae kill her jist tae keep you happy.

ROSE OUIMET

If she wis mines, ah'd throw her owre the balcony ...

**THERESE DUBUC**
Ye'd whit? Ah didnae catch that, Rose. What wis it you said?

**ROSE OUIMET**
Ah wis talkin tae masel.

**THERESE DUBUC**
Yir feart, eh?

**ROSE OUIMET**
Me, feart?

**THERESE DUBUC**
Aye, you! Feart!

**MARIE-ANGE BROUILLETTE**
Dinnae say there's gauntae be anither rammy.

**ANGELINE SAUVE**
How? His thur been a fight awready?

**RHEAUNA BIBEAU**
Who's been rammyin, then?

**ANGELINE SAUVE**
We shoulda goat here earlier.

**THERESE DUBUC**
Ah'm no gaunnae sit here an take that. She's jist insultit ma mither-in-law! Ma man's mither!

**LISETTE DE COURVAL**
Here they go again!

**ROSE OUIMET**
She's senile! She should be pit doon!

**GERMAINE LAUZON**

Rose!

**GABRIELLE JODOIN**

Ye should be doonright ashamed ae yirsel sayin somehin like that. Ye've goat a hert ae stane.

**THERESE DUBUC**

Ah'll nivir forgie ye fur whit you jist said, Rose Ouimet. Nivir.

**ROSE OUIMET**

Fur-the-love-ae-Christ, gie me patience!

**ANGELINE SAUVE**

So who wis it fightin afore, eh?

**ROSE OUIMET**

Aw, you've goat tae ken awthin. The trouble wi you, Mademoiselle Sauvé, is yir nose is aye botherin ye!

**ANGELINE SAUVE**

Mme. Ouimet! Thurs nae need fur that!

**ROSE OUIMET**

Ye waant us tae gie ye the scandal so's yir big mooth can blab it aw owre the place. Is that no it?

**RHEAUNA BIBEAU**

Mme. Ouimet, it's no oaften ah loass ma temper but ah'll no allow ye tae insult ma pal.

**MARIE-ANGE BROUILLETTE**

*(Aside)*

Ah'll jist snaffle some while naebdy's lookin.

GABRIELLE JODOIN

*(Who sees her doing it)*

Whit's that yir daein, Mme. Brouillette?

ROSE OUIMET

Okay-doke, ah've said enough. Ah'll haud ma tongue.

MARIE-ANGE BROUILLETTE

Wheesht! Take thir an keep quiet!

*Linda, Ginette, & Lise arrive with the chairs. A lot of movement and noise. All the women change places and take advantage of the distraction to steal more booklets and stamps.*

Dinnae be feart! Take some!

DES-NEIGES VERRETTE

Is this no gaun owre the score?

THERESE DUBUC

Hide thir in yir pockets ... Naw, Mme. Dubuc! Ah said hide them!

GERMAINE LAUZON

See that fellie 'at runs the butcher's shoap? He's a daylight robber...

*The door opens suddenly. Pierrette Guérin comes in.*

PIERRETTE GUERIN

Hullo, everybody!

THE OTHERS

Pierrette!

LINDA LAUZON

Ma Auntie Pierrette! This'll be rare!

ANGELINE SAUVE

Oh my God, no Pierrette!

GERMAINE LAUZON

Who tellt you tae come here? Ah tellt you afore ah nivir waantit tae clap eyes oan you again.

PIERRETTE GUERIN

A wee burd tellt me that ma big sister, Germaine, hid won a mullion stamps, so ah decided tae come an see fur masel.

*(She notices Angéline Sauvé.)*

Well, ah'll be buggert! Angéline! What are you daein here?

*Everyone stares at Angéline.*

*Curtain.*

# Act Two

The second act begins with Pierrette's entrance again and a repeat of the last six lines of Act One, before continuing the action.

*The door opens suddenly. Pierrette Guerin comes in.*

**PIERRETTE GUERIN**

Hullo, everybody!

**THE OTHERS**

Pierrette!

**LINDA LAUZON**

Ma Auntie Pierrette! This'll be rare!

**ANGELINE SAUVE**

Oh my God, no Pierrette!

**GERMAINE LAUZON**

Who tellt you tae come here? Ah tellt you afore ah nivir waantit tae clap eyes oan you again.

**PIERRETTE GUERIN**

A wee burd tellt me that ma big sister, Germaine, hid won a mul-lion stamps, so ah decided tae come an see fur masel. (*She notices*

*Angéline Sauvé.*) Well, ah'll be buggert! Angéline! What are you daein here?

*Everyone stares at Angéline Sauvé.*

**ANGELINE SAUVE**

Oh dear God! Ah've been fund oot.

**GERMAINE LAUZON**

How d'ye mean, Angéline?

**GABRIELLE JODOIN**

What gies you the right tae think ye can talk tae Mlle. Sauvé like that?

**ROSE OUIMET**

Ye've nae shame!

**PIERRETTE GUERIN**

Whey shoulda no talk tae her? Her an me are good pals, aren't we no, Géline?

**ANGELINE SAUVE**

Oh! Ah think ah'm gauntae faint.

*Angéline pretends to faint.*

**RHEAUNA BIBEAU**

Sweet Jesus, Angéline!

**ROSE OUIMET**

She's deid!

**RHEAUNA BIBEAU**

Aw, naw ...

**GABRIELLE JODOIN**

She's nothin ae the kind. Rose, you're jist gaun too far again.

**PIERRETTE GUERIN**

Anybody can see she's no faintit. She's jist play-actin.

*Pierrette goes over to Angeliné.*

**GERMAINE LAUZON**

Don't you lay a finger oan her!

**PIERRETTE GUERIN**

Lea me alane. She's ma pal.

**RHEAUNA BIBEAU**

Whit d'ye mean, your pal?

**GERMAINE LAUZON**

Yir no tryin tae tell us that Mademoiselle Sauvé is any freend ae yours!

**PIERRETTE GUERIN**

Aw, but she is! She comes tae see's at the Club jist aboot every Friday night.

**ALL THE WOMEN**

Eh!

**PIERRETTE GUERIN**

Ask her yirsel. Is that no the truth, Géline? Come oan, stoap actin the eejit an answer me. Angéline, we aw ken yir jist kiddin oan. You tell them. Intit true you oaften come tae the Club?

**ANGELINE SAUVE**
(*After a silence*)

Aye, it's true.

RHEAUNA BIBEAU
Oh, Angéline! Angéline!

SOME OF THE WOMEN
This is hellish bad!

SOME OTHER WOMEN
This is dia-bloody-bolical!

LINDA, GINETTE & LISE
This is magic!

*Blackout*

RHEAUNA BIBEAU
Angéline! Angéline!

*Spotlight on Angéline & Rhéauna.*

ANGELINE SAUVE
Rhéauna, ye've goat tae understand ...

RHEAUNA BIBEAU
Dinnae come near me! Git away!

THE WOMEN
Who'd've thoat it ... A thing like that!

RHEAUNA BIBEAU
Ah'd nivir thoat it ae you. You, in that Club. An every Friday night at that. It cannae be true.

ANGELINE SAUVE
Ah dinnae dae anything wrang, Rhéauna. Ah jist hiv a Coke.

**THE WOMEN**

In a Club!

**GERMAINE LAUZON**

God alone knows what she gits up tae there.

**ROSE OUIMET**

Mebbe she's oan the game.

**ANGELINE SAUVE**

But ah'm tellin yese, ah dae nothin wrang.

**PIERRETTE GUERIN**

It's true. She dis nothin wrang.

**ROSE, GERMAINE & GABRIELLE**

You shut up, ya Jezebel!

**RHEAUNA BIBEAU**

You're no ma pal nae mair, Angéline. Ah don't know you.

**ANGELINE SAUVE**

Listen tae me, Rhéauna, ye've goat tae listen tae me! Ah can explain everything. If ye'll jist gie me a chance, then ye'll understand.

**ROSE, GERMAINE & GABRIELLE**

A Club! The quickest road tae the burnin fire!

**ALL THE WOMEN**

(*Except the young ones*)

The road tae the burnin fire, the road tae the burnin fire. If ye go there, ye'll loass yir soul. It's a sin tae drink, a sin tae dance! It's in thae Clubs oor menfolk fuddle thir heids wi drink an lash oot thir peys oan hures an tramps.

**ROSE, GERMAINE & GABRIELLE**

Hures an tramps like you, Pierrette!

**ALL THE WOMEN**

(*Except the four young ones*)

Dae you no think black burnin shame, Angéline Sauvé, tae've darkened the door ae thon den o sin?

**RHEAUNA BIBEAU**

Angéline, a Club! It's worser than Hell itsel!

**PIERRETTE GUERIN**

(*Laughing loudly*)

If Hell's onythin like the Club ah work at, ah widnae say no tae bein condemned tae an eternity there!

**ROSE, GERMAINE & GABRIELLE**

Shut up, Pierrette. It's the divil's inside ye.

**LINDA, GINETTE & LISE**

The divil? Aw come aff it! Grow up, wull yese. The Clubs arenae as bad as yese make oot. They're nae worse nor anywhere else. They're fur enjoayment. They're fur enjoayin yirsels. That's aw, they're fur enjoayment.

**THE WOMEN**

Ach! Youse are owre young tae ken! Owre young tae ken! But yese'll fund oot, ya young know-alls. Yese'll fund oot an come greetin tae us. But it'll be owre late! Owre late! Jist you watch yir steps in thae hellish holes. Yese'll no realize when yese is slippin, but when yese tries tae crawl back up, yese'll fund it's owre late!

**LISE PAQUETTE**

Owre late! Owre late! Oh my God, it's owre late!

**GERMAINE LAUZON**

The least you can dae is tae go tae confession, Angéline Sauvé!

**ROSE OUIMET**

And tae think that ah see you every Sunday at Mass ... Mass wi a sin like thon oan yir conscience!

**GABRIELLE JODOIN**

A mortal sin!

**ROSE, GERMAINE & GABRIELLE**

How many times dae ye need tae be tellt? ... It's a mortal sin tae set yir fit inside a Club!

**ANGELINE SAUVE**

Look, gie me a chance tae explain. Jist hear me oot.

**THE WOMEN**

Nut! Ye've nae excuse!

**ANGELINE SAUVE**

Rhéauna, wull you no listen tae me! We're auld pals. We've been freends fur the past thirty-five year. Ah'm foand ae ye, but sometimes ah feel like meetin ither folk. Ye know what ah'm like. Ah like tae hiv a bit ae fun noo an again. When ah wis young ah kent nothin but the hoose an the chapel. Thur must be mair tae life nor that. Ye can go tae Clubs athoot daein ony herm. The Clubs arenae as bad as thur paintit, ye know. Ah've been gaun tae them fur the past fowre year an ah've nivir done a thing ah'm ashamed ae. The folk 'at works there are nae worse than you or me. Ah jist waant tae git oot the bit an meet different folk, Rhéauna! Ah've nivir hid ony enjoayment oot ma life till the Club, Rhéauna!

**RHEAUNA BIBEAU**

There are better-like places tae enjoay yirsel. You'll pey fur it when yir in burnin hell, Angéline. Promise me ye'll no go back there again.

**ANGELINE SAUVE**

Look, Rhéauna, ah cannae! Ah like fur tae go there, dae ye no understand. Ah like it!

**RHEAUNA BIBEAU**

Ye've goat tae promise me or ah'll nivir speak tae ye again. It's up tae you. Ye've goat tae make up yir mind. It's either me or the Club. If you kent how much you've hurt me, ma bestest pal sneakin oot tae a Night Club ahint ma back. How d'ye think that looks, Angéline, eh? What d'ye think folk'll say when they see ye creepin intae a place like that, eh? Specially that joint where Pierrette works ... It's a dive ... The lowest ae the low. You've nivir tae go back, Angéline, d'ye hear me? If you dae, that's it, it's finished atween you an me. Finished! You should be doonright ashamed ae yirsel!

**ANGELINE SAUVE**

Dinnae ask me no tae go back there, Rhéauna ... Rhéauna, speak tae me!

**RHEAUNA BIBEAU**

Ah'm no sayin anither word until you promise!

*The lights return to normal. Angeline sits in a corner, Pierrette Guérin joins her.*

**ANGELINE SAUVE**

Whey did you huv tae come here the night fur?

PIERRETTE GUERIN

Lit them yap. They like nothin better'n gittin worked up intae a tid an blacknin folks names. They ken bloody fine you dae nothin wrang at the Club. Gie them five minutes an they'll huv forgoatten aw aboot it.

ANGELINE SAUVE

Aw aye, an ye think sae? Ye think Rhéauna'll cheynge her mind? Ye think she'll forgie me jist like that? An Mme. de Courval 'at's in chairge ae recreation fir the parish an is President ae the Altar Society at Oor Lady o Perpetual Help? Ye think she'll go oan speakin tae me? An yir sisters, 'at cannae be daein wi you cause ye work in a Club? Ah'm tellin ye, they're aw finished wi me! Finished!

GERMAINE LAUZON

Pierrette!

PIERRETTE GUERIN

Listen, Germaine, Angéline feels bad enough athoot you an me git-tin at each ithers throats, right? Ah jist came here tae pey ye a visit an tae help ye stick yir stamps, an that's aw ah'm gaunnae dae. An ah've no goat the pox, okay? Jist lea us alane. Us two'll stey in oor coarner owre here. Ye neednae fash yirsel. We'll stey oot ae yir wey. Eftir the night, ah'll no darken your door again, if that's the wey ye waant it ... But ah cannae leave Angéline in this state aw herlane.

ANGELINE SAUVE

Ye can go if ye waant, Pierrette ...

PIERRETTE GUERIN

No, ah waant tae stey.

ANGELINE SAUVE

Awright then, ah'll go.

**LISETTE DE COURVAL**

If only they'd both go!

*Angéline stands up.*

**ANGELINE SAUVE**

(*To Rhéauna*)

Are ye comin?

*Rhéauna Bibeau does not answer.*

Okay. Ah'll leave the door oaff the snib.

*She goes towards the door. Blackout. Spotlight on Angéline Sauvé.*

It's easy tae criticise ither folk. It's easy tae criticise them, but you've goat tae look at it fae baith sides. The folk ah meet in that Club are ma best pals. Naebdy's ever been sae nice tae me afore ... No even Rhéauna. Wi thae folk ah enjoays masel. Ah can laugh an joke wi them. Ah wis broat up bi nuns baith in an oot the school. They did thir bests tae learn me, pair sowls, but they'd nivir lived. Dae you know, ah wis fifty-five year ae age afore ah learned how tae enjoay masel. An that wis only bi luck, thanks tae Pierrette takin me tae her Club wan night. Oh, ah didnae waant tae go. She hid tae drag me there. But, the minute ah stepped owre that door, ah kent whit it wis tae go through life athoot ony enjoayment. Ah appreciate Clubs arenae awbody's cup ae tea, but me, ah think they're great. 'Coorse, it's no the haill truth ah hiv only a Coke when ah goes there. Noo an again ah hivs a drink. No much, mind, but it fair cheers me up. It's no as if ah dis ony herm tae onybody. Ah jist buys masel two oors ae enjoayment a week. But this wis bound tae happen sooner or later. Ah kent it. Dear God, what'm ah gauntae dae? (*Pause.*) God Almighty! Everybody deserves tae git a wee bit enjoayment oot thir lifes! (*Pause.*) Ah aye tellt masel that if ah goat catched, ah'd stoap gaun tae the Club ... But ah'm no shair that ah'll can stoap ... An Rhéauna widnae pit up wi that. (*Pause.*) Aw an aw, if it comes tae the bit, ah suppose Rhéauna means mair tae me nor Pierrette dis. (*Long sigh.*) It looks like ma fun's finished ...

*She goes off.*

*Spotlight on Yvette Longpré.*

**YVETTE LONGPRE**

Ma guid-sister, Fleur-Ange, hid her birthday pairty last week. It wis fair smashin a pairty. Thir wis a big gang ae us there. Tae start wi, thur wis her an her faimly. Oscar David, that's her man, Fleur-Ange David, that's her hersel, an thir seevin bairns: Raymonde, Claude, Lisette, Fernand, Réal, Micheline, and Yves. Her man's folks, Aurèle David an his wife, Ozéa David, wur there tae. Then thir wis ma guid-sister's mither, Blanche Tremblay. Her faither wisnae there, fur he's deid. Then thir wis the rest ae us: Antonio Fournier, an his wife, Rita, Germaine Gervais was there, tae, an Wilfrid Gervais, Armand Gervais, George-Albert Gervais, Louis Thibault, Rose Campeau, Daniel Lemoyne an his wife, Rose-Aimée, Roger Joly, Hormidas Guay, Simonne Laflamme, Napoléon Gauvin, Anne-Marie Turgeon, Conrad Joannette, Léa Liasse, Jeannette Landreville, Nina Laplante, Robertine Portelance, Gilberte Morrissette, Laura Cadieux, Rodolphe Quintal, Willie Sanregret, Lilianne Beaupré, Virginie Latour, Alexandre Thibodeau, Ovila Gariépy, Roméo Bacon an his wife, Juliette, Mimi Bleau, Pit Cadieux, Ludger Champagne, Rosaire Rouleau, Roger Chabot, Antonio Simard, Alexandrine Smith, Philémon Langlois, Elaine Meunier, Marcel Morel, Grégoire Cinq-Mars, Théodore Fortier, Hermine Héroux an us, me an ma man, Euclide. That wis jist aboot them aw, ah think ...

*The lights come back on.*

GERMAINE LAUZON

Awright noo, lit's git back tae work again, eh?

ROSE OUIMET

Aye, git yir finger oot an yir tongues in!

DES-NEIGES VERRETTE

We're no daein that bad, are we? Look at the pile ah've done awready ...

MARIE-ANGE BROUILLETTE

No tae mention aw the wans yuv thieved ...

LISETTE DE COURVAL

Would you care to pass me over some more stamps, Mme. Lauzon?

GERMAINE LAUZON

Oh, aye ... maist certainly ... Here's a haill pile.

RHEAUNA BIBEAU

Angéline! Angéline! It cannae be true!

LINDA LAUZON
(*To Pierrette*)

Hullo, Auntie Pierrette.

PIERRETTE GUERIN

Hi-ya, doll. How're ye doin?

LINDA LAUZON

Aw, no sae bad. Ma mum an me's aye fightin. Ah'm seek fed up ae it. She's aye greetin an girnin aboot nothin ... ye ken whit she's like. Ah wish ah could jist clear oot ae here.

GERMAINE LAUZON

It'll no be long afore the retreats'll be startin, eh no?

**ROSE OUIMET**

Aye. They were jist sayin that at Mass last Sunday there.

**MARIE-ANGE BROUILLETTE**

Ah hope it'll no be the same priest as last year 'at comes.

**GERMAINE LAUZON**

Ah hope no! Ah didnae take tae him neither. He'd pit ye tae sleep, yon yin.

**PIERRETTE GUERIN**

Well, thurs nothin haudin ye back fae leavin. Ye could ayeways come an stey wi me ...

**LINDA LAUZON**

Are you kiddin? They'd turn thir backs oan me fur good!

**LISETTE DE COURVAL**

No, it's not the same one coming this year.

**DES-NEIGES VERRETTE**

Naw? Who is it then?

**LISETTE DE COURVAL**

It's an Abbé Rochon. He's supposed to be wonderful. L'Abbé Gagné was just telling me the other day that he was one of his best friends ...

**ROSE OUIMET**

*(To Gabrielle)*

There she goes again aboot her Abbé Gagné. We'll be hearin aboot him aw night noo, nothin shairer! Anybody'd think she fancied him. It's Abbé Gagné this, Abbé Gagné that ... As far as ah'm concerned, he's a right pain in the erse. Ah don't like him wan bit.

GABRIELLE JODOIN

Me neither. He's owre new-fangled in his ideas fur me. It's wan thing tae take an interest in yir parishioners but it's anither tae stick yir nose intae parish business. He shouldnae forget that he's a priest. A man of higher things!

LISETTE DE COURVAL

Oh, but the man is a saint ... You should get to know him, Mme. Dubuc. I'm sure you'd take to him ... When he speaks, you'd think it was the Lord God himself talking to you.

THERESE DUBUC

Dinnae exaggerate.

LISETTE DE COURVAL

But it's the truth. Even the wee ones, the children, worship him ... Oh, that reminds me, the children of the parish are putting on a concert next month. I hope you'll all can come along. It should be a wonderful evening. They've already been practising for weeks ...

DES-NEIGES VERRETTE

What are they gaunnae hiv?

LISETTE DE COURVAL

Oh, lots of interesting things. They're going to perform all kinds of acts. Mme. Gladu's wee boy is going to sing ...

ROSE OUIMET

No again! Ah've hid ma full ae that wee gett. He gies me the dry boke. Ah'm tellin ye, ever since he wis oan the TV his mither's walked aroon wi her nose in the air. Thinks she's a bigshot!

LISETTE DE COURVAL

But little Raymond has a beautiful voice.

**ROSE OUIMET**

Is that so? Well, if ye ask me he looks like a jessie, wi his mooth aw screwed up like a duck's erse.

**GABRIELLE JODOIN**

Rose!

**LISETTE DE COURVAL**

Diane Aubin is going to give a demonstration of swimming in water .... The concert is going to take place at the public baths ... It's going to be beautiful ...

**ROSE OUIMET**

Wull thir be a raffle?

**LISETTE DE COURVAL**

Oh, of course. And the last event of the evening will be a grand bingo.

**THE OTHER WOMEN**

(*Except the four young women*)

A bingo!

**OLIVINE DUBUC**

Bingo!

*Blackout.*

*When the lights come back on, the nine women are standing at the edge of the stage.*

**LISETTE DE COURVAL**

An Ode to Bingo!

*While Rose, Germaine, Gabrielle, Thérèse and Marie-Ange recite the Ode to Bingo, the four other women call out bingo numbers in counterpoint and very rhythmically.*

ROSE, GERMAINE, GABRIELLE, THERESE & MARIE-ANGE

Fur me, thurs nothin beats a game ae bingo. Thurs wan in oor parish jist aboot every month. Two days aforehand ah start tae git oan edge. Ah git that nervous an jittery. Ah cannae git it oot ma mind. Then when the big day comes ah'm that excitit ah'm no able tae dae a haund's turn aboot the hoose. The minute the tea's past, ah pits ma glad-rags oan an ah'm oot the hoose in a shot. No even an atom bomb wid stoap me. Ah'm daft oan the bingo! Ah'm bingo-daft, so ah am! Thurs nothin in the world ah likes mair nor playin bingo! When we gits there, it's aff wi oor coats an a mad dive fur the room we're gauntae play in. Sometimes the livin-room's cleared fur us, an sometimes the kitchen. I t's even been kent fur us tae yaise the bedroom. We sit doon at the tables, haund roond the cairds, set up the balls, an away we go ...

*The women who are calling the numbers continue alone for a few seconds.*

Ah'm tellin ye, ah git that excitit ah vernear hae a fit. Ah git aw flustered. Ah come oot in a cauld sweat. Ah mix up aw the numbers. Ah pit ma croass in the wrang boaxes. Ah make the caller repeat the numbers fur me. Oh, whit a state ah gits intae! Ah'm daft oan bingo! Ah'm bingo-daft, so ah am! Thurs nothin in the world ah likes mair nor playin bingo! The game's aboot finished. Ma house is aboot up. Ah need jist a B-14! Aw ah waant's a B-14! Gie me a B-14! A B-14! Ah keek at the ithers ... They're as close tae oot as me, the buggers. What'm ah gaunnae dae? Ah've goat tae win! Ah've goat tae win! Ah've goat tae win!

**LISETTE DE COURVAL**

B-14!

**THE FIVE WOMEN**

House! House! Ah've won! Ah knew it! Ah kent ah couldnae loass! Ah've won! Whit's the prize?

**LISETTE DE COURVAL**

Last month was the month for standard lamps. But this month, wait fur it, it's wally dogs!

**THE NINE WOMEN**

Ah'm daft oan the bingo! Ah'm bingo-daft! Thurs nothin in the world ah likes mair nor playin bingo! It's a shame they dinnae hiv bingo nights mair oaften! The mair ae them we'd hiv, the happier ah'd be. Hip, hip, fur the standard lamps! Hip, hip, fur the wally dugs! Hip, hip, hooray fur the bingo!

**ROSE OUIMET**

Ma tongue's hingin oot wi thirst.

**GERMAINE LAUZON**

Oh-tae-Christ, ah forgoat aw aboot the drink. Linda, git the Cokes oot.

**OLIVINE DUBUC**

Coke ... Coke ... aye, aye ... Coke ...

**THERESE DUBUC**

Huv patience, Mme. Dubuc. You'll git some Coke along wi everybody else. But jist you mind an drink it right, eh? Nae spillin it like ye did the last time.

**ROSE OUIMET**

She's drivin me up the waw wi that mither-in-law ae hers. Ah'm no jokin.

**GABRIELLE JODOIN**

Quit it, Rose. Thirs been enough argybargyin the night as it is athoot you startin mair.

**GERMAINE LAUZON**

Aye. Jist you keep quiet an stick thae stamps. Ye've scarce fillt wan book!

*Spotlight on the fridge. The scene which follows must take place in front of the fridge door.*

**LISE PAQUETTE**

(*To Linda*)

Ah've goat tae talk tae ye, Linda.

**LINDA LAUZON**

Aye, ah know. Ye tellt me at the cafe ... But this isnae the time, is it?

**LISE PAQUETTE**

It'll no take long. Ah've goat tae tell somedy. Ah cannae keep it tae masel much longer. Ah'm too worked up. You're ma best pal, Linda ... Ah waant you tae be the furst tae ken. Linda, ah'm gaunnae hiv a bairn.

**LINDA LAUZON**

Ye're whit! Naw, ye cannae be. Are ye shair?

**LISE PAQUETTE**

Aye, ah'm shair. The doactir tellt me.

**LINDA LAUZON**

What're ye gaunnae dae?

**LISE PAQUETTE**

Ah dinnae ken. Ah'm that depressed, Linda. Ah hivnae said any hing tae ma mum an dad yit. Ah'm feart whit ma faither'll dae. He'll murder me, so he will. An that's no kiddin. When the doactir tellt me ah felt like jumpin oot the windae there an then.

**PIERRETTE GUERIN**

Listen, Lise ...

**LINDA LAUZON**

Did you hear?

**PIERRETTE GUERIN**

Aye, ah can appreciate how yir feelin, hen, but ... ah might be able tae help ye ...

**LISE PAQUETTE**

Oh aye? How?

**PIERRETTE GUERIN**

Well, ah ken a doactir ...

**LINDA LAUZON**

Auntie, you're no suggestin that!

**PIERRETTE GUERIN**

Och, away! It's no dangerous ... He dis it two-three times a week, this doactir.

**LISE PAQUETTE**

Ah must admit ah've awready thoat aboot it ... But ah didnae ken naebdy tae approach ... An ah wis feared tae try it oan ma ain.

PIERRETTE GUERIN

Dinnae you ever try that! It's owre dangerous! But wi this doactir ae mines ... If ye like, ah can arrange it fur ye. A week fae noo an ye'll be as right as rain.

LINDA LAUZON

Lise, ye widnae waant tae dae that, wid ye? It's criminal!

LISE PAQUETTE

Whit else wid ye hae me dae? Whit choice huv ah goat? It's the only wey oot. Ah dinnae waant the baim. Look whit happened tae Manon Belair. She wis in the same position an noo her life's wast-it cause she's lumbered wi that kid.

LINDA LAUZON

But what aboot the faither? Wid he no mairry ye?

LISE PAQUETTE

Ye ken fine he droapped me. He beat it soon's he kent. Naebdy seems tae ken where he's went tae. When ah think ae the promises he made me. How happy we wir gaunnae be thegither, an how he wis makin money hand-owre-fist. Eejit that ah am, ah taen it aw in. It wis presents here, presents there ... thir wis nae end tae them. Aw, it wis nice enough at the time ... in fact, it wis really nice ... But bug-ger it, then this hid tae happen. Ah jist kent it wid. Ah've nivir been gien a brek. Nivir. Whey is it me ayeways lands heidfirst in the shite when aw ah waant tae dae is climb oot ae it? Ah'm bloody well sick ae workin behind that coonter in that shoap. Ah waant tae dae some-thin wi ma life. D'ye understand? Ah waant tae git somewhere. Ah waant a car, a nice flat, some nice claes. Christ knows, aboot aw ah've goat tae pit oan ma back are shoap overalls. Ah've aye been hard up ... aye hid tae scrimp'n scrape ... But ah'm damn shair ah'm no gaunnae go oan like this. Ah dinnae waant tae be a naebody any mair. Ah've hid enough ae bein poor. Ah'm gaunnae make sure things gits better. Ah wis mebbe boarn at the boatt'm ae the pile but ah'm gaunnae climb tae the toap. Ah came intae this world bi the back door but by Christ ah'm gaunnae go oot bi the front. An ye can take it fae me that nothin's gaunnae git in my wey. Nothin. You wait, Linda. Jist you wait. You'll see ah'm no kiddin. In two three years you'll see that Lise Paquette's become a somebody. Jist you watch, she'll be rollin in it then.

**LINDA LAUZON**

You're no gaun the right wey aboot it.

**LISE PAQUETTE**

But that's whit ah'm tryin tae tell ye. Ah've made a mistake an ah waant tae pit it right. Eftir that ah'm gaunnae make a new start. You understand whit ah'm sayin, Pierrette, don't ye?

**PIERRETTE GUERIN**

Aye, ah dae, hen. Ah understand whit it is tae waant tae better yirsel. When ah wis your age ah left hame because ah waantit tae make big money. But ah didnae go aboot it bi workin in some two-bit shoap. Nae danger! Ah went straight intae the Club, fur that's where the money wis. An it'll no be long noo till ah'm rollin it. Johnny himsel's promised me ...

**ROSE, GERMAINE & GABRIELLE**

That swine Johnny! That swine Johnny!

**GINETTE MENARD**

Whit are youse up tae owre here, eh?

**LISE PAQUETTE**

No nothin. (*To Pierrette.*) We'll talk aboot it later oan ...

**GINETTE MENARD**

Aboot whit?

**LISE PAQUETTE**

It'll no maitter. It's nothin.

**GINETTE MENARD**

Can ye no tell me?

**LISE PAQUETTE**

You'd clype, so jist droap it, eh?

**PIERRETTE GUERIN**

Come oan, hen, you an me can talk it owre acroass here ...

**GERMAINE LAUZON**

Whit's happened tae thae drinks?

**LINDA LAUZON**

They're comin, they're comin ...

*The lights come back on.*

**GABRIELLE JODOIN**

Aw Rose, see that blue suit ae yours? How much did ye pey fur it?

**ROSE OUIMET**

Whit wan?

**GABRIELLE JODOIN**

Ye ken, the wan wi the white lace roond the coallar.

**ROSE OUIMET**

Oh, that ain ... ah goat it fur $9.98.

**GABRIELLE JODOIN**

That's whit ah thoat. Wid ye believe ah seen the same wan the day at Reitman's fur $14.98 ...

**ROSE OUIMET**

Git away! Ah tellt ye ah'd picked it up cheap, eh?

**GABRIELLE JODOIN**

You're a dab hand at fundin bargains, right enough.

**LISETTE DE COURVAL**

My daughter, Micheline, has just started a new job. She's working on those F.B.I. machines.

**MARIE-ANGE BROUILLETTE**

Is that a fact! Ah've heard tell they gan fur yir nerves, thae machines. The lassies 'at works oan them huv tae cheynge joabs every six month. Ma guid-sister Simonne's dochter hid a nervous brekdoon owre the heid ae wan. Simonne wis jist oan the phone the day tellin me aboot it ...

**ROSE OUIMET**

Oh, buggeration, that minds me. Linda, you're waantit oan the phone.

*Linda rushes to the telephone.*

**LINDA LAUZON**

Hullo, Roabert? How long've ye been waitin?

**GINETTE MENARD**

Come oan, tell me.

**LISE PAQUETTE**

Naw. Beat it, will ye? Stoap hingin aboot me. Ah waant tae talk tae Pierrette fur a wee while. Goan, hop it, buggerlugs.

**GINETTE MENARD**

Awright, ah can take a hint. It's no that, though, when yuv goat naebdy tae talk tae, intit no? But as soon as somedy else comes along...

**LINDA LAUZON**

Look, Roabert, fur the fifth time, it's no ma fault! Ah'm tellin ye, ah jist this minute wis tellt ye were oan the phone!

**THERESE DUBUC**

Here, Mme. Dubuc, hide thir!

**ROSE OUIMET**

(*To Ginette Ménard who is handing out the drinks*)

How're things at hame, Ginette?

**GINETTE MENARD**

Aw, jist the same as ever ... They fight like cat'n dug aw day ... Same as usual. Ma mither still hits the boattle ... an ma faither still goes aff the deep-end at her ... Thull be fightin wi each ither till thir dyin days ...

**ROSE OUIMET**

Ya pair thing ye ... An yir sister?

**GINETTE MENARD**

Suzanne? Aw, she's still the brainy wan ae the faimly. They think the sun shines oot ae her erse. She cannae dae naehing wrang, her. They cannae see past her. "How can ye no be mair liker her, Ginette, an yaise yir heid. Ye should learn fae her. She's makin somethin ae her life." Me, ah'm a nothin as far as they're concerned. But ah've aye kent they've thoat mair ae her nor me. An noo that she's a schuilteacher, it's goat beyond a joke.

**ROSE OUIMET**

Noo, noo, Ginette. D'ye no think yir exaggeratin it a wee bit?

**GINETTE MENARD**

Naw, ah ken whit'm sayin ... Ma mither's nivir hid ony time for me. It's ayeways been, "Suzanne's the boanniest. Suzanne's the maist refined." Ah've heard it day in day oot till ah'm seek ae hearin it! An tae cap it aw, noo even Lise disnae like me anymair!

**LINDA LAUZON**

*(On the phone.)*

Away you tae hell! Goan, bugger aff! If you dinnae waant tae listen, whey should ah bother tae explain? What mair dae ye waant me tae say? Ye can phone back when yir in a better mood!

*She hangs up.*

Jesus wept, Auntie Rose, ye coulda tellt me ah wis waantit oan the phone! He bawled me oot, an noo he's taken the huff at me!

**ROSE OUIMET**

Wid ye listen tae her! Who dis she think she's talkin tae? She's doolally, that yin!

*Spotlight on Pierrette Guerin.*

**PIERRETTE GUERIN**

When ah left hame ah wis that in love ma heid wis back tae front. Ah couldnae see straight. Ah'd een fur naebdy but Johnny. Naebdy else coontit. The bastart made me squander ten year ae ma life. Here ah am, only thirty year ae age an ah feels like sixty. The things that chancer goat me tae dae fur him. Ah wis aye taen in bi his patter, eejit that ah am. Ten year ah knoacked ma guts oot in his Club fur him. Ah wis smashin-lookin then. Ah drew his customers in an that kept him sweet as long as it lastit. But as fur that bastart noo, ah've hid ma full. Ah'm seek-scunnert ... deid-done cawin ma pan oot, an fur whit? Aw ah feel fit fur is jumpin aff the bridge. It's jist the drink that keeps me gaun. Ah've been oan the boattle solid since last Friday past. An that pair Lise thinks she's aw waashed up jist acause she's pregnant! Christ Almighty, she's young yit! Ah'm gaunnae gie her ma doactir's name'n address ... He'll see her right. She'll can make a new start. No me, though. If ye've been at it fur ten year, ye're owre the hill. A has-been. But how could ah even begin tae explain that tae ma sisters? They'd nivir understand. No in a month ae Sundays. Ah dinnae ken what ah'm gaunnae dae noo. What'm ah tae dae?

**LISE PAQUETTE**

(*At the other end of the kitchen*)

Ah dinnae ken what ah'm gaunnae dae noo. What'm ah tae dae? An abortion's a serious maitter. Specially if ye try tae dae it yirsel. Ah've heard enough stories tae ken that. Ah'd be safer tae go an see this doactir ae Pierrette's. Aw, whey dae thir things aye happen tae me? Pierrette's lucky. Workin in that Club fur ten year. Makin loads ae money. An she's in love, tae! Ah widnae say no tae bein in her shoes. Even if her faimly hivnae nae time fur her, at least she's happy bein oan her ain.

**PIERRETTE GUERIN**

He chucked me oot, jist like that! "It's aw finished," he said. "Yir nae mair yaiss tae me. Yir too auld noo an past yir best. So ye can pack yir bags an beat it. Yir no waantit." The hertless gett! He did-nae leave me wi a penny! Not a cent! The bastart! Eftir aw that ah did fur him owre the past ten year! Ten year fur sweet bugger-all! If that widnae make ye waant tae dae away wi yirsel, whit wid? What'm ah tae dae? Eh, jist what? Staund at the back ae a coonter aw day like Lise? Become a shoap-assistant? No thank you! Nae danger! That's awright fur young bit lassies an auld wummin, but no fur me. What'm ah tae dae? Ah've jist nae idea. Ah've goat tae pit a face oan it here. Ah cannae tell the truth tae Linda an Lise or ah'm aw waashed up. (*Silence.*) Aye, well ... thurs nothin left but the drink noo ... Guid joab ah like the stuff ...

**LISE PAQUETTE**

*(Repeating several times throughout Pierrette's last monologue)*

Ah'm feart! Oh, Sweet Jesus, ah'm feart!

*She goes up to Pierrette and throws herself into her arms.*

Are you sure this is gaunnae work, Pierrette? Ah'm feart, so ah am!

**PIERRETTE GUERIN**

*(Laughing)*

Aye, aye. Everything'll be jist fine, hen. You'll see. Everything'll be okay ...

*The lights return to normal.*

**MARIE-ANGE BROUILLETTE**

*(To Des-Neiges Verrette)*

Dae you ken, it's no even safe tae go tae the pic-churs. Jist the ither day ah went tae see Yves Montand in somethin ... Ah cannae mind the name ae it. Ma man wisnae interestit so he steyed at hame. Well, here, wid ye credit, right in the middle ae the picchur, this auld bugger comes an sits asides me, an afore ah ken whit's gaun oan he starts playin wi ma knee, anglin fur a feel. Ah wis as embarrassed as git oot, as ye can weel imagine, but ah kept ma heid. Ah stood up oot ma seat an belted him wan in his ugly puss wi ma handbag.

**DES-NEIGES VERRETTE**

Guid fur you, Mme. Brouillette! Ah ayeways cairries a hat pin when ah go tae the pictures. Ye can nivir tell whit might happen. The furst wan 'at tries any funny stuff wi me ... But ah've nivir hid tae yaise it yit.

**ROSE OUIMET**

This Coke is braw an waarm, Germaine.

GERMAINE LAUZON

When are you gaunnae stoap criticisin, eh? Jist when, tell me?

LISE PAQUETTE

Linda, huv ye goat a pincil an paper?

LINDA LAUZON

Look, Lise, ah'm tellin ye, dinnae dae it!

LISE PAQUETTE

Ah ken whit ah'm daein. Ah've made ma mind up an nothin'll make me cheynge it.

RHEAUNA BIBEAU

*(To Thérèse)*

Ah'm no a thief!

THERESE DUBUC

Aw c'moan, Mlle. Bibeau, it's no thievin. It's no as if she peyed onything fur thir stamps. An she's goat a mullion eftir aw. A mullion!

RHEAUNA BIBEAU

That's nothin tae dae wi it. She invited us here tae help her stick her stamps fur her an we've nae right tae turn roon an start thievin them.

GERMAINE LAUZON

*(To Rose)*

What are they two up tae? Ah dinnae like aw this whisperin ...

*She approaches Rhéauna & Thérèse.*

THERESE DUBUC

*(Seeing her coming)*

Oh ... Aye ... Ye add two cups ae watter an then stir it.

**RHEAUNA BIBEAU**

Eh? Ye whit? (*Noticing Germaine.*) Oh! Aye! She wis jist gien me a recipe.

**GERMAINE LAUZON**

A recipe? Fur whit?

**RHEAUNA BIBEAU**

Doughnuts!

**THERESE DUBUC**

A chocolate puddin!

**GERMAINE LAUZON**

Well, which is it tae be? Doughnuts or chocolate puddin?

*She goes back to Rose.*

Listen, Rose, thurs some funny business gaun oan here the night.

**ROSE OUIMET**

(*Who has just hidden a few booklets in her handbag.*)

Dinnae be daft ... Yir imaginin things ...

**GERMAINE LAUZON**

An ah think ma Linda's spendin too much time wi oor Pierrette tae. Linda, come owre here!

**LINDA LAUZON**

Hing oan a minute, Mum ...

**GERMAINE LAUZON**

Ah tellt you tae come here! That means now! No the moarn!

**LINDA LAUZON**

Awright, awright! Keep yir heid oan ... Aye, whit is it?

**GABRIELLE JODOIN**

Keep us compny fur a wee whilie ... You've been wi yir auntie fur long enough ...

**LINDA LAUZON**

So? Whit's that tae you?

**GERMAINE LAUZON**

What's gaun oan atween her an yir pal, Lise, owre there?

**LINDA LAUZON**

Oh ... nothin ...

**GERMAINE LAUZON**

You answer me straight when yir spoken tae!

**ROSE OUIMET**

Lise wrote somethin doon a wee while ago.

**LINDA LAUZON**

It wis jist an address.

**GERMAINE LAUZON**

Dinnae tell me she's taen Pierrette's address! Look you, if ah ever fund oot you've been at her place, you'll hear aboot it, d'ye understand?

**LINDA LAUZON**

Wull you lea me alane! Ah'm auld enough tae ken whit ah'm daein!

*She goes back towards Pierrette.*

**ROSE OUIMET**

It's mebbe nane ae ma business, Germaine, but ...

**GERMAINE LAUZON**

Whey, whit's wrang noo?

ROSE OUIMET

Your Linda's startin tae go owre the score ...

GERMAINE LAUZON

Dae ah no ken it! But dinnae you worry, Rose. Ah can handle her. She's gaunnae git pit in her place pronto. An as fur that Pierrette, this is the last time she'll set fit in this hoose. Eftir the night, that's her oot fur good.

MARIE-ANGE BROUILLETTE

Huv ye hid a look at Mme. Bergeron's dochter jist recent? Wid ye no say she's kinna puttin oan the beef, so tae speak?

LISETTE DE COURVAL

Yes, I've noticed that ...

THERESE DUBUC

*(Insinuatingly)*

It's funny that, intit? Specially the wey the fat's aw gaitherin roond her belly.

ROSE OUIMET

Well, ye ken whit they say ... what goes up must come doon!

MARIE-ANGE BROUILLETTE

She tries tae hid it tae. Bit it's really startin tae stick oot.

THERESE DUBUC

Yir no kiddin! Ah wonder who stuck it up her?

LISETTE DE COURVAL

It'll most likely have been her step-father ...

GERMAINE LAUZON

That widnae surprise me wan little bit. He's hid his eye oan her ever since he mairrit her mither.

THERESE DUBUC

It wid turn yir stomache whit gauns oan in thon hoose. Pair Monique. She's jist a young lassie ...

ROSE OUIMET

Mebbe so, but she kens the score, that same yin. Jist look at the wey she dresses. Last summer, bi Christ, ah wis embarrassed jist lookin at her! An ye ken me ... Ah'm no easy shoacked. D'ye no mind thae rid hoat-pants she wis wearin aw the time? Thae really shoart wans? Well, ah've said it afore an ah'll say it again, that Monique Bergeron is gaunnae come tae a bad end. She's goat badness in her, that lassie, pure badness. She's a ridheid, of coorse, an ye ken whit they say aboot wummin wi rid hair ... Naw, yese can say whit yese like, thae young lassies 'at gits up the stick afore they're mairrit deserves aw they git. Ah've nae sympathy fur them.

*Lise Paquette makes a move to get up.*

PIERRETTE GUERIN

Jist relax, hen!

ROSE OUIMET

If ye ask me, they bring it oan themselves. Ah'm no talkin aboot the wans 'ats gits raped, mind. That's somethin awthegither different. But an ordinary lassie 'at gits hersel up the stick, naw, naw ... Ah've goat nae sympathy fur her. It's her tough luck. She's made her bed, an she can lie in it. Ah can tell you, if ma lassie Carmen ever came hame wi wan up her, she'd go heid- furst oot the windae in double-quick time! Thurs nae danger ae her gittin in that wey, though. She'd nivir dae somehin durty like that ... She's as pure as the driven snaw, that lassie. Naw, as far as ah'm concerned aw thae unmairrit mithers are the same. They're a shower ae fulthy hures! It's them that dis the chasin eftir the men. Ye ken whit ma man caws them? Shag-bags!

**LISE PAQUETTE**
If she disnae shut it, ah'll kill her!

**GINETTE MENARD**
Whey? If ye ask me, she's right.

**LISE PAQUETTE**
You fuck off afore ah belt ye wan!

**PIERRETTE GUERIN**
That's a bit hard, is it no, Rose?

**ROSE OUIMET**
Oh, aye, we aw ken you're the expert oan thir kinnae things. Nothin'll surprise you ... you've saw it aw afore. It's mebbe normal tae you, but it's no tae us. Thurs only wan wey tae stoap that soart ae thing happenin ...

**PIERRETTE GUERIN**
(*Laughing*)
Ah ken a loat ae weys. Huv ye nivir heard tell ae the pill, fur instance?

**ROSE OUIMET**
Ach, it's nae yiss talkin tae you! You ken damn fine that's no what ah meant! Ah'm a good Catholic, an ah'm against aw this free love! Ya hure that ye are, ye can jist lea us alane an go back tae them ye belong wi!

**LISETTE DE COURVAL**
Just the same, Mme. Ouimet, I think you're maybe over-doing it. Sometimes it happens that girls who find themselves in the family way aren't themselves entirely to blame.

**ROSE OUIMET**

You believe everythin they fill yir heid wi in thae stupit French fil-lums!

**LISETTE DE COURVAL**

What have you got against French films, then?

**ROSE OUIMET**

Nothin. Ah like American wans better, that's aw. Thae French fil-lums are too realistic. They're nothin like real life. They exaggerate everythin. Ye shouldnae be taken in bi them. They aye try tae make ye feel sorry fur the lassie gits hersel pregnant. It's nivir onybody's fault as far as they're concerned. Jist ask yirsel, dae you think real life's like that? Ah'm damn shair ah dinnae! A fillum's a fillum an life is life!

**LISE PAQUETTE**

Jesus Christ, ah'll murder that stupit bitch! The ignorant pig! She goes aboot judgin everybody, yit she's goat nae mair brains nor a ... An as fur her Carmen. Well, ah ken a loat aboot her Carmen aw right an ye can take it fae me, she's hid mair coacks than hoat din-ners! She should redd up her ain midden afore she shites oan everybody else's!

*Spotlight on Rose Ouimet.*

**ROSE OUIMET**

Life is life, an nae bloody Frenchman ever made a fillum aboot that, or wull! The man could show life the wey it is, his yit tae be boarn. Aw aye, it's easy-peasy fur any actress tae turn it oan an make ye feel sorry fur her in a fillum. Easy-bloody-peasy! But when she's finished work at night, she can go hame tae her big fancy mansion an climb intae her big fancy bed 'at's twice the bloody size ae ma bedroom! As fur the rest ae us, when we git up in the moarnin ... (*Silence.*) When ah wake up in the moarnin, he's aye lyin there starin at me ... Waitin. Every moarnin that the Good Lord sends, ah open ma een an there he is, waitin! Every night ah git intae ma bed an there he is, waitin! He's aye there, aye eftir me, aye hingin owre me like a vulture. Bastardin sex! It's nivir like that in the fillums, though, is it? Oh no, that's the kinnae thing they nivir show. Who the hell's interestit in a wumman 'at's goat tae see oot a life-sentence wi some fulthy gett cause she said "Aye" tae him wance? Naw, that widnae be interestin enough fur fillums. Christ knows, nae fillum wis ever as sad as this. Nae fillum lasts a lifetime like this. (*Silence.*) Ah've oaften said it. Oaften. Ah should nivir hiv mairrit. Nivir. Ah shoulda screamed it at the toap ae ma vyce: "Nivir! Nivir" Ah'da been better aff an auld spinster insteed ae this. At least ah'da goat some peace tae masel ... been left alane. Ah didnae huv a clue whit ah'd lit masel in fur. Young eejit thit ah wis, aw ah could think aboot wis "the Holy State o Matrimony"! Yuv goat tae be stupit bringin yir bairns up like that, kennin nothin. Yuv goat tae be hellish stupit! But ah'll tell ye wan thing, ma Carmen'll no git catched oot like me. Ah've been drummin it intae her fur years what men are really like. She'll no end up like me, forty-four year ae age, wi a twa-year auld bairn still oan ma airm, an wi an ignorant swine ae a man whase heid's fu ae nothin mair than makkin shair he gits his end away two an mair times a day, three hunner an sixty-five day ae the year! When ye git tae be ma age an realise ye're life's been a nothin, an nothin it'll stey till ye dee, it makes ye waant tae pack the haill loat in an stert aw owre again. But a wumman cannae dae that ... Fae stert tae finish she's pit unner the thumb, an there she's goat tae stey right till the bitter end!

*The lights come back on.*

GABRIELLE JODOIN

Well say whit ye will, fur masel ah like French pictures, specially the sad wans. They're smashin. They aye make me greet. An ye've goat tae admit thae Frenchmen're a loat better-lookin than Canadians. They're real men, they are!

**GERMAINE LAUZON**

Aw, haud oan noo! Ah cannae lit ye away wi that ...

**MARIE-ANGE BROUILLETTE**

Aw thae Frenchmen are toattie. The wee nyaffs dinnae come up tae ma shooders even. An they act like jessies! Pure jessies!

**GABRIELLE JODOIN**

I beg your pardon. Some of them are real men! And ah don't mean like oor yissless menfolk!

**GERMAINE LAUZON**

Ye can say that again! Compared tae oor men anything'd look guid! They're jist teuchters ... they've nae style, nae notion ae manners ... Mind you, oor menfolk might be coorse, but oor actors are jist as guid an every bit as good-lookin as ony ae thae French actors fae France.

**GABRIELLE JODOIN**

Well, ah widnae say no tae Jean-Paul Belmondo. Noo, there's a *real* man fur ye!

**OLIVINE DUBUC**

Coke ... Coke ... Mair Coke ... Coke ...

**THERESE DUBUC**

Quieten doon, Mme. Dubuc!

**OLIVINE DUBUC**

Coke! Coke!

**ROSE OUIMET**

Aw, shut her up, wull ye? Ye cannae hear yirsel pastin fur her. Shove a boattle ae Coke in her mooth, Germaine. That'll keep her quiet fur a couple ae minutes.

**GERMAINE LAUZON**
Ah'm no shair if ah've goat anymair.

**ROSE OUIMET**
Christ, ye didnae buy much, did ye? You're really coontin yir cents.

**RHEAUNA BIBEAU**
(*Stealing some stamps*)
Och, tae hang. Three mair books'll see me git ma chrome dustpan.

*Angéline Sauvé enters.*

**ANGELINE SAUVE**
Hullo ... (*To Rhéauna.*) Ah've come back ...

**THE OTHERS**
(*Dryly*)
Hullo ...

**ANGELINE SAUVE**
Ah've went tae see l'Abbé Castelneau ...

**PIERRETTE GUERIN**
She's feart tae look me in the ee!

**MARIE-ANGE BROUILLETTE**
Whit's she waantin tae speak tae Mlle. Bibeau fur?

**DES-NEIGES VERRETTE**
Ah'm shair she waants tae ask her tae forgie her, an patch things up again atween them. She's no a bad sowl, eftir aw's said an done. An gie her her due, she's goat enough savvie tae ken how tae pit things right. Things'll aw work oot fur the best, jist you wait'n see.

**GERMAINE LAUZON**
While wur waitin, ah'm gaunnae see hoo mony books we've filled.

*The women sit up in their chairs.*

*Gabrielle Jodoin hesitates, then ...*

GABRIELLE JODOIN

Oh, Germaine, ah forgoat tae tell ye. Ah fund ye a corset-maker. She's cawed Angélina Giroux. Come owre here an ah'll tell ye mair aboot her.

RHEAUNA BIBEAU

Ah kent you'd come back tae me, Angéline. Ah'm really gled. We'll pray thegither an the Good Lord'll forget aw aboot what ye've done in nae time, you'll see. The Lord God isnae spiteful ...

LISE PAQUETTE

Well, Pierrette, it looks like they're aw pally-wally again.

PIERRETTE GUERIN

Christ, wid that no make ye boke!

ANGELINE SAUVE

Ah'll jist say cheerio tae Pierrette an explain ...

RHEAUNA BIBEAU

Naw, naw. Ye'd be better advised no tae speak tae her at aw. Stey aside me an dinnae go near her. Yir finished an done wi her fur good. She's in the past noo.

ANGELINE SAUVE

Jist as ye please, Rhéauna. Whitiver you thinks best.

PIERRETTE GUERIN

Well, that's that, eh? She's goat her back in her clutches again. Thurs nae peynt in me hingin aboot here ony longer nor ah huv tae. The haill bloody loat ae them gie me the boke, so they dae. Ah've goat tae git the hell oot ae here an git some air so's ah can breathe.

GERMAINE LAUZON

Oh, that's rare, Gaby! Yir a real pal! Ah wis startin tae git desperate. It's no everybody can make me a corset. Ah'll go an see her nixt week.

*She goes over to the box with the booklets. The women watch her.*

Help-ma-Christ, thurs no much in here! Where are aw the books, eh? Thurs nae mair nor a dizzen in the boax. Mebbe thur ... Naw, the table's clear!

*Silence.*

*Germaine Lauzon looks at all the women.*

Whit's gaun oan aroond here, eh?

THE OTHERS

Well ... Eh ... Ah dinnae ken ... How d'ye mean?

*They pretend to search for the booklets. Germaine places herself in front of the door.*

GERMAINE LAUZON

Where're ma stamps?

ROSE OUIMET

Come oan, Germaine. Lit's huv a search fur them.

GERMAINE LAUZON

Thur no in the boax an thur no oan the table. Ah waant tae ken here'n noo where ma stamps are!

OLIVINE DUBUC

(*Pulling out stamps hidden in her clothes*)

Stamps? Stamps ... Stamps ...

*She laughs.*

THERESE DUBUC

Mme. Dubuc, hide them ... Fur-Christ's-sake, Mme. Dubuc!

MARIE-ANGE BROUILLETTE

Good Ste-Anne!

DES NEIGES VERRETTE

Pray fur us!

GERMAINE LAUZON

But her claes are stuffed wi them! Whit the ... She's stowed wi them! Here ... an here ... Thérèse ... Dinnae tell me this is your daein shairly?

THERESE DUBUC

Ah swear tae God, no! Ah hid nae idea, ah promise!

GERMAINE LAUZON

Show me yir handbag.

THERESE DUBUC

Come oan, Germaine, if that's aw the faith ye've goat in me ...

ROSE OUIMET

Germaine, dinnae go owre the score an mak a fule ae yirsel!

GERMAINE LAUZON

You tae, Rose. Ah waant tae see the inside yir handbag. Ah'm waantin tae see aw yir handbags. Every single wan ae yese.

**DES-NEIGES VERRETTE**

You certainly will nut! Ah've nivir been sae insultit in aw ma boarn days!

**YVETTE LONGPRE**

Me an aw!

**LISETTE DE COURVAL**

I'll never set foot in this house again!

*Germaine Lauzon grabs Thérèse's handbag and empties it. Out fall several books.*

**GERMAINE LAUZON**

Ahah! Ah kent it! Ah bet it's the same wi aw yir handbags. Double-croassin getts that yese are! But yese'll no git oot ae here alive! Ah'm gaunnae murder every wan ae yese!

**PIERRETTE GUERIN**

Ah'll help ye, Germaine. They're nothin but a shower ae bloody thieves! An thuv the cheek tae look doon thir noses at me!

**GERMAINE LAUZON**

Timm oot aw yir bags!

*She grabs Rose's bag.*

There ... and there!

*She takes another handbag.*

There's mair here. An look, still mair! You an aw, Mlle. Bibeau? There's only three, but jist the same!

**ANGELINE SAUVE**

Oh, Rhéauna, even you!

**GERMAINE LAUZON**

Thiefs, the loat ae yese! The haill gang ae yese. D'ye hear me? Yese're nothin but a pack ae thievin, bastardin getts!

**MARIE-ANGE BROUILLETTE**

You dinnae deserve aw thae stamps.

**DES-NEIGES VERRETTE**

Aye, whey you mair nor onybody else, eh?

**ROSE OUIMET**

You've made us feel like durt wi yir mullion stamps!

**GERMAINE LAUZON**

But thae stamps are mines alane!

**LISETTE DE COURVAL**

They should be for everybody!

**THE OTHERS**

Aye, fur everybody!

**GERMAINE LAUZON**

But they're mines! Gie me them back!

**THE OTHERS**

Nivir!

**MARIE-ANGE BROUILLETTE**

Thurs still a loat mair in the boaxes. Lit's help oorsels.

**DES-NEIGES VERRETTE**

Aye, wheyfurno?

**YVETTE LONGPRE**

Ah'm gaunnae full ma handbag up.

**GERMAINE LAUZON**

Stoap it! Keep yir thievin haunds aff them!

**THERESE DUBUC**

Here, Mme. Dubuc, take thir! Here's some mair!

**MARIE-ANGE BROUILLETTE**

Come oan, Mlle. Verrette. Here a haill loat mair. Gie's a haund.

**PIERRETTE GUERIN**

Git yir hands oot ae there!

**GERMAINE LAUZON**

Ma stamps! Ma stamps!

**ROSE OUIMET**

Here, help me, Gaby. Ah've taen mair nor ah can cairry.

**GERMAINE LAUZON**

Ma stamps! Ma stamps!

*A battle royal starts. The women steal as many stamps as they can. Pierrette and Germaine try to stop them. Linda and Lise stay seated in the corner watching the spectacle without moving. Screams are heard, a few of the women begin to fight.*

**MARIE-ANGE BROUILLETTE**

They're mines! Gie me them!

**ROSE OUIMET**

You're leein, thur mines!

**LISETTE DE COURVAL**

*(To Gabrielle)*

Will you let go of me! Let me go, will you!

*They start throwing stamps and books at one another. Everybody reaches into the boxes as fast as they can, and they throw the stamps everywhere, even out the door and the window. Olivine Dubuc starts moving around in her wheelchair humming "O Canada". A few women leave with their loot of stamps. Rose & Gabrielle stay a little longer than the others.*

**GERMAINE LAUZON**

Ma sisters! Ma ain sisters!

*Gabrielle & Rose leave. Only Germaine, Linda & Pierrrette remain in the kitchen. Germaine collapses into a chair.*

Ma stamps! Ma stamps!

*Pierrette puts her arm around Germaine's shoulders.*

**PIERRETTE GUERIN**

Dinnae greet, Germaine.

**GERMAINE LAUZON**

Dinnae you talk tae me. Git oot! You're nae better nor the rest ae them!

**PIERRETTE GUERIN**

But ...

**GERMAINE LAUZON**

Git oot! Ah nivir waant tae clap eyes oan you again!

**PIERRETTE GUERIN**

But ah'm oan your side, Germaine! Ah tried tae help ye!

**GERMAINE LAUZON**

Git oot an lea me alane! Ah niviir waant tae speak tae you again! Ah dinnae waant tae see naebdy!

*Pierrette leaves slowly. Linda also moves towards the door.*

LINDA LAUZON

It'll be wan helluva joab cleanin aw this up!

GERMAINE LAUZON

My God! My God! Ma stamps! Thurs nothin left! Nuhin! Nuhin! Ma braw new hoose! Ma beautiful furniture! Aw away! Ma stamps! Ma stamps!

*She collapses beside the chair, gathering up the remaining stamps. She sobs heavily. Offstage are heard the others, singing "O Canada". As the anthem continues, Germaine regains her courage, and she finishes the "O Canada" with the others, standing at attention, with tears in her eyes.*

*A rain of stamps falls slowly from the ceiling ...*

*Curtain.*

MEMBER OF THE SCABRINI GROUP

Quebec, Canada
2000